„Ich weiß, dass ich nichts weiß…!"

Aufklärung im 21. Jahrhundert

Mein herzlicher Dank zur Entstehung dieses Buches geht an Florian (Flo-Aral), Thomas, Christian und vor allem an das Schiller-Institut Vereinigung für Staatskunst e.V.

Victor M. Einhorn

„Ich weiß, dass ich nichts weiß…!“

Aufklärung im 21. Jahrhundert

Bibliografische Information der Deutschen Nationalbibliothek:
Die Deutsche Nationalbibliothek verzeichnet diese Publikation in der Deutschen Nationalbibliografie; detaillierte bibliografische Daten sind im Internet über http://dnb.dnb.de abrufbar.

Herstellung und Verlag: BoD – Books on Demand, Norderstedt

ISBN: 978-3-7412-5180-1

Inhaltsverzeichnis

Vorwort

Über die Frage: was heißt aufklären?

D ie Worte Aufklärung, Kultur, Bildung sind in unserer Sprache noch neue Ankömmlinge. Sie gehören vor der Hand bloß zur Büchersprache. Der gemeine Haufe versteht sie kaum. Sollte diese ein Beweis dafür sein, daß auch die Sache bei uns noch neu sei? Ich glaube nicht. Man sagt von einem gewissen Volke, dass es kein bestimmtes Wort für Tugend, keines für Aberglauben habe; ob man ihm gleich ein nicht geringes Maß von beiden mit Recht zuschreiben darf.

Indessen hat der Sprachgebrauch, der zwischen diesen gleichbedeutenden Wörtern einen Unterschied angeben zu wollen scheint, noch nicht Zeit gehabt, die Grenzen derselben festzusetzen. Bildung, Kultur und Aufklärung sind Modifikationen des geselligen Lebens; Wirkungen des Fleißes und der Bemühungen der Menschen ihren geselligen Zustand zu verbessern.

Je mehr der gesellige Zustand eines Volks durch Kunst und Fleiß mit der Bestimmung des Menschen in Harmonie gebracht wurde; desto mehr Bildung hat dieses Volk.

Bildung zerfällt in Kultur und Aufklärung. Jene scheint mehr auf das Praktische zu gehen: auf Güte, Feinheit und Schönheit in Handwerken Künsten und Geselligkeitssitten (objektive); auf Fertigkeit, Fleiß und Geschicklichkeit in jenen, Neigungen Triebe und Gewohnheit in diesen (subjektive). Je mehr diese bei einem Volke der Bestimmung des Menschen entsprechen, desto mehr Kultur wird demselben beigelegt. So wie einem Grundstücke desto mehr Kultur und Anbau zugeschrieben wird, je mehr es durch den Fleiß der Menschen in den Stand gesetzt worden, dem Menschen nützliche Dinge hervorzubringen. – Aufklärung hingegen scheint sich mehr auf das Theoretische zu beziehen. Auf vernünftige Erkenntnis (objektiv) und Fertigkeit (subjektiv) zum vernünftigen Nachdenken, über Dinge des menschlichen Lebens, nach Maßgaben ihrer Wichtigkeit und ihres Einflusses in die Bestimmung des Menschen.

Ich setze allzeit die Bestimmung des Menschen als Maß und Ziel aller unserer Bestrebungen und Bemühungen, als einen Punkt auf den wir unsere Augen richten müssen, wenn wir uns nicht verlieren wollen.

Eine Sprache erlangt Aufklärung durch die Wissenschaften, und erlangt Kultur durch gesellschaftlichen Umgang, Poesie und Beredsamkeit. Durch jene wird sie geschickter zu theoretischem, durch diese zu praktischem Gebrauche. Beides zusammen gibt einer Sprache die Bildung.

Kultur im äußerlichen heißt Politur. Heil der Nation, deren Politur Wirkung der Kultur und Aufklärung ist, deren äußerlicher Glanz Geschliffenheit innerliche, gediegene Echtheit zum Grunde hat! Aufklärung verhält sich zur

Kultur, wie überhaupt Theorie zur Praxis; wie Erkenntnis zur Sittlichkeit, wie Kritik zur

Virtuosität. An und für sich betrachtet (objektiv), stehen sie in dem genauesten Zusammenhang, obgleich sie (subjektiv) sehr oft getrennt sein können.

Man kann sagen: die Nürnberger haben mehr Kultur, die Berliner mehr Aufklärung; die Franzosen mehr Kultur, die Engländer mehr Aufklärung; die Sineser viel Kultur und wenig Aufklärung. Die Griechen hatten beides, Kultur und Aufklärung. Sie waren eine gebildete Nation, so wie ihre Sprache eine gebildete Sprache ist. - Überhaupt ist die Sprache eines Volkes die beste Anzeige seiner Bildung, der Kultur sowohl der Aufklärung, der Ausdehnung und auch der Stärke nach.

Ferner lässt sich die Bestimmung des Menschen einteilen in 1) Bestimmung des Menschen als Mensch und 2) Bestimmung des Menschen Bürger. In Ansehung der Kultur fallen diese Betrachtungen zusammen, indem alle praktische Vollkommenheit bloß in Beziehung auf das gesellschaftliche Leben einen Wert *haben, also einzig und allein der Bestimmung des Menschen, als Mitglieder der Gesellschaft, entsprechen müssen. Der Mensch als Mensch bedarf keiner Kultur: aber er bedarf der Aufklärung.*

Stand und Beruf im bürgerlichen Leben bestimmen eines jeden Mitgliedes Pflichten und Rechte, erfordern nach Maßgebung derselben andere Geschicklichkeit und Fertigkeit, andere Neigungen, Triebe, Geselligkeitssitten und Gewohnheiten, eine andere Kultur und Politur. Je mehr diese durch alle Stände mit ihrem Beruf, d.i. die mit ihren respektiven Bestimmungen als Glieder der Gesellschaft übereinstimmen, desto mehr Kultur hat die Nation.

Sie erfordern aber auch für jedes Individuum, nach Maßgebung seines Standes und Berufs andere theoretische Einsichten, und andere Fertigkeit dieselben zu erlangen, einen anderen Grad der Aufklärung. Die Aufklärung, die den Menschen als Mensch interessiert, ist allgemein ohne Unterschied der Stände; die Aufklärung des Menschen als Bürger betrachtet, modifiziert sich nach Stand und Beruf. Die Bestimmung des Menschen setzt hier abermals seiner Bestrebung Maß und Ziel.

Diesem nach würde die Aufklärung einer Nation sich verhalten 1) wie die Masse der Erkenntnis, 2) deren Wichtigkeit, die im Verhältnis zur Bestimmung a) des Menschen und b) des Bürgers, 3) deren Verbreitung durch alle Stände, 4) nach Maßgabe ihres Berufs. Also wäre der Grad der Volksaufklärung nach einem wenigstens vierfach zusammengesetzten Verhältnis zu bestimmen, dessen Glieder zum Teile selbst wiederum aus einfacheren Verhältnisgliedern zusammengesetzt sind.

Menschenaufklärung kann mit Bürgeraufklärung in Streit kommen. Gewisse Wahrheiten, die dem Menschen, als Mensch nützlich sind, können ihm als Bürger zuweilen schaden. Hier ist folgendes in Erwägung zu ziehen: Die

Kollision kann entstehen zwischen

1) wesentlichen, oder

2) zufälligen Bestimmungen des Menschen, mit

3) wesentlichen oder

4) mit außerwesentlichen zufälligen Bestimmungen des Bürgers.

Ohne die wesentlichen Bestimmungen des Menschen sinkt der Mensch zum Vieh herab, ohne die außerwesentlichen ist er kein so gutes, herrliches Geschöpf. Ohne die wesentlichen Bestimmungen des Menschen als Bürger, hört die Staatsverfassung auf zu sein, ohne die außerwesentlichen bleibt sie in einigen Nebenverhältnissen nicht mehr dieselbe.

Unglückselig ist der Staat, der sich eingestehen muss, dass in ihm die wesentliche Bestimmungen des Menschen mit der wesentlichen des Bürgers nicht harmonieren, dass die Aufklärung, die der Menschheit unentbehrlich ist, sich nicht über alle Stände des Reichs ausbreiten könne, ohne dass die Verfassung in Gefahr sei, zu Grunde zu gehen. Hier lege die Philosophie die Hand auf den Mund! Die Notwendigkeit mag hier Gesetze vorschreiben, oder vielmehr die Fesseln schmieden, die der Menschheit anzulegen sind, um sie nieder zu beugen und beständig unter Druck zu halten!

Aber wenn die außerwesentlichen Bestimmungen des Menschen mit den wesentlichen oder außerwesentlichen des Bürgers in Streit kommen, so müssen Regeln festgesetzt werden, nach welchen die Ausnahmen geschehen und die Kollisionsfälle entschieden werden sollen.

Wenn die wesentlichen Bestimmungen des Menschen unglücklicherweise mit seinen außerwesentlichen Bestimmungen selbst in Gegenstreit gebracht worden sind - wenn man gewisse nützliche und den Menschen zierende

Wahrheit nicht verbreiten darf, ohne die ihm nun einmal beiwohnenden Grundsätze der Religion und Sittlichkeit niederzureißen – so wird der tugendliebende Aufklärer mit Vorsicht und Behutsamkeit verfahren, und lieber das Vorurteil dulden, als die mit ihm so fest verschlungene Wahrheit zugleich mit zu vertreiben. Freilich ist diese Maxime von jeher die Schutzwehr der Heuchelei geworden, und wir haben ihr so manche Jahrhunderte von Barbarei und Aberglauben zu verdanken. So oft man das Verbrechen greifen wollte, rettete es sich ins Heiligtum. Allein dem ungeachtet wird der Menschenfreund, in den aufgeklärtesten Zeiten selbst noch immer auf diese Betrachtung Rücksicht nehmen müssen. Schwer aber nicht unmöglich ist es, die Grenzlinie zu finden, die auch hier Gebrauch von Missbrauch scheidet.

Je edler ein Ding in seiner Vollkommenheit, sagt ein hebräischer Schriftsteller, desto grässlicher in seiner Verwesung. Ein verfaultes Holz ist so scheußlicher nicht als eine verweste Blume; diese nicht so ekelhaft wie ein verfaultes Tier, und dieses so grässlich nicht, wie der Mensch in seiner Verwesung. So auch mit Kultur und Aufklärung. Je edler in ihrer Blüte desto abscheulicher in ihrer Verwesung und Verderbtheit.

Missbrauch der Aufklärung schwächt das moralische Gefühl, führt zu Hartsinn, Egoismus, Irrreligion, und Anarchie. Missbrauch der Kultur erzeugt Üppigkeit, Gleißnerei, Weichlichkeit, Aberglauben, und Sklaverei.

Wo Aufklärung und Kultur mit gleichen Schritten fortgehen, da sind sie sich einander die besten Verwahrungsmittel wider die Korruption. Ihre Art zu verderben ist sich einander entgegengesetzt.

Die Bildung einer Nation, welche nach obiger Worterklärung aus Kultur und Aufklärung zusammengesetzt ist, wird also weit weniger der Korruption unterworfen sein.

Eine gebildete Nation kennt in sich keiner anderen Gefahr, als das Übermaß ihrer Nationalglückseligkeit welches, wie die vollkommenste Gesundheit des menschlichen Körpers, schon an und für sich eine Krankheit, oder der Übergang zur Krankheit genannt werden kann. Eine Nation, die durch die Bildung auf den höchsten Gipfel der Nationalglückseligkeit gekommen, ist eben dadurch in Gefahr zu stürzen, weil sie nicht höher steigen kann. – Jedoch dieses führt zu weit ab von der vorliegenden Frage!

Moses Mendelssohn, Berlinische Monatsschrift, Bd. 4, 1784, S. 193-200

Das 21. Jahrhundert

Wir schreiben heute das Jahr 2016. Inmitten des 21. Jahrhunderts kommt zu Recht die Frage auf: Brauchen wir heute Aufklärung? Sind wir nicht in diesem Informationszeitalter aufgeklärt genug? Die Frage, die sich an dieser Stelle stellt ist: Sind wir wirklich aufgeklärt oder leben wir in einer Überflutung von Informationen, in der sich ein Jeder herauspicken kann, was er gerade in dem einen Moment braucht? Ist in diesem Stimmengewirr der Informationsflut nicht eine durchdringende Stimme eines Sokrates nötiger denn je, die sagt: Ich weiß, dass ich nichts weiß! Oder könnte uns der Ruf eines Nikolaus von Kues „Über belehrte Unwissenheit" vielleicht hindurch durch diese Reizüberflutung der Informationsgesellschaft hinweg zu wahrem Wissen tragen?

Die Menschheitsgeschichte umfasst zwei Millionen Jahre. Heute, in einer Situation die wir „die Moderne" nennen, besteht unsere Kultur aus DSDS, Dschungel-Camp, Youporn, Tomorrowland, Facebook, WhatsApp - und meine Generation tut nichts lieber als am Wochenende zu feiern. Es ist Mode geworden aus der Realität zu flüchten. Koma-Saufen, Chillen und Ego-Shooter sind an der Tagesordnung. 2 Millionen Jahre Evolution haben einen „Homo-Assicus-Schlafus" hervorgebracht! Eine geistig geknebelte Menschen-Art, die ihren Verdruss bestenfalls auf Facebook äußert und davon überzeugt ist, nichts ändern zu können. Die Welt ist scheiße, wir werden versklavt, aber ich kipp´ mir lieber noch einen B-52 hinter die Binde und bewege meinen Fuß im Takt von „Die eine, die immer lacht..."

Die NATO stationiert über 60000 Soldaten im Schwarzen Meer um Russland, verbündet mit China, zu einem thermonuklearen Krieg zu provozieren. Das ganze vor dem Hintergrund, dass das transatlantische Finanzsystem bankrott ist und kurz vor seinem Zusammenbruch steht. Über 70% der Weltbevölkerung lebt in Armut, unsere Kinder bekommen in der Schule eine Perlenkette, wenn sie fleißig vorgelesen haben und bei Penny sind grade Pringles im Angebot! Lieber noch einen B-52 und schön laut mitsingen. „Da hat das rote Pferd sich einfach umgekehrt...!"

Unsere Politiker folgen dem Schreckgespenst der Globalisierung und beherrschen ihre Rolle in der Marionettenwirtschaft par excellence. Auf Facebook gehen massenhaft Posts über Verschwörungen, Chemtrails, Rothschildts und Reichsbürgergesellschaft umher. Es herrscht eine dunkle Atmosphäre der Verdrossenheit.

Aber alles halb so wild! Bald ist wieder Wochenende. Und mit dem Wodka-E in der Hand heißt es wieder: "Atemlos durch die Nacht...!"

Ein paar Mutige haben sich aufgerafft und sind bereit für einen Bürgerkrieg. Am liebsten wollten sie Angela Merkel und alle anderen Marionetten gewaltsam entfernen und ihnen die Macht entreißen. Und auf die Frage hin, was danach kommt sind sie der Meinung, es werde sich schon alles entwickeln. Clausewitz würde sich im Grabe umdrehen!

Wir stecken in einer Krise. Und zwar ist dies eine Systemkrise, eine Bildungskrise, eine Flüchtlingskrise, eine Wirtschaftskrise und eine Kulturkrise zugleich! In dem Film „Er ist wieder da" spricht der Protagonist Hitler in einer Fernsehshow: „Wir rasen auf den Abgrund zu...und im Fernsehen läuft eine Kochshow...!"Aber halt, wir sind ja aufgeklärt:

die Welt ist überbevölkert, der Mensch ist bestialischer als die meisten Tiere und ein Krieg würde ja auch die Weltbevölkerung wieder reduzieren…!

„Nachtijall ick hör dir trapsen…!" Welch´ ein Nährboden für den aufkommenden Faschismus…!

Oh Freunde, zu keinem Zeitpunkt der Menschheitsgeschichte war Aufklärung nötiger als jetzt.

Was ist der Mensch?

Frage ich meine Altersgenossen, was sie denn als Mensch ausmacht, kommt mir erst einmal ein imposantes Stöhnen entgegen, welch nervige Fragen ich denn schon wieder stelle. Aber sind wir doch mal ehrlich: wir leben in einer Gesellschaft, die aus Menschen besteht. Im Mittelpunkt der Wirtschaft steht der Mensch, denn Wirtschaft ohne Geld ist möglich, aber nicht ohne Menschen. Die Familie besteht aus Menschen. Selbst den B-52 trinkt wer? – Menschen! Morgens nach dem Aufstehen waschen die Meisten einen Menschen. Was das neue I-Phone ausmacht oder woraus ein Sex-on-the-beach besteht ist heute geläufiger als das Bewusstsein der eigenen Identität! Was ist also dieses Wesen, dass am Wochenende gröhlend alkoholisiert bis kurz vor der Persönlichkeitsspaltung sein Leben feiert?

Es herrscht die Meinung, der Mensch sei nichts weiter als ein Tier. Zugegeben, beim Anblick und der Beobachtung vieler, scheint das wirklich der Wahrheit zu entsprechen. Das Tierreich folgt doch dem FF-Ruf: Fressen und Ficken! Die meisten von uns folgen dem FFF-Ruf: Fressen, Ficken, Fernsehen! Welch unsagbarer evolutionärer Fortschritt. Wir erheben uns und huldigen dem Stern am neuen Menschenhimmel, lassen uns führen von Stars, die in einer Jury sitzen und mit quietschender Stimme sagen: „Also hör mal, dein Singen hört sich an, wie Kermit der Frosch auf Koks, dem man in die Eier getreten hat…!"

Der Eine oder Andere wird nun sagen:" Nein, nein, der Mensch ist viel schlimmer als ein Tier, er tötet andere aus Habgier. Tiere töten nur wenn sie Hunger haben. Aber ist da denn ein Unterschied? Tötet der Mensch denn nicht auch aus habgierigem Hunger? Bei Einem sind wir uns doch einig – der Mensch hat genau, wie andere Tiere Bedürfnisse und Triebe, denen er folgt.

Wir sind nicht mehr Jäger und Sammler im klassischen Sinn sondern nur noch im Übertragenen. Wir gehen arbeiten oder sitzen am Fliesentisch und beziehen Geld um unsere Bedürfnisse zu Befriedigen und unseren Trieb zu stillen. Sich für schlau haltende Leute nennen das auch den Homo oekonomicus. Der Mensch lebt, um zu arbeiten.

Doch wenn das so ist, warum lässt sich dann solch ein schizophrenes Leben beobachten? In dem einen Leben geht der Mensch arbeiten und passt sich dieser Gesellschaft an und im Anderen (wobei beides in ein und demselben Leben stattfindet) muss er sich, um all das zu ertragen, aus der Realität schießen um atemlos durch die Nacht Summ Summ Summ um das rote Pferd herum mit 1,5 Promille und ner Line wohl zu fühlen? Und am Montagmorgen von der Line zurück im Alltag sagt irgendetwas in einem: "Oh man, das Wochenende war wieder richtig böse!"

Es scheint da also noch etwas anderes in uns Menschen zu sein. Was veranlasst uns zu sagen: „Ich verzichte mal ´ne Weile auf etwas, was mir nicht gut tut"? Oder warum können wir zum Beispiel unsere Bedürfnisse hinten anstellen, wenn wir Nachwuchs bekommen? Wir verzichten auf Schlaf, kümmern uns um unsere Frau und Kinder und gehen nicht mehr so oft feiern. Was veranlasst einen Menschen mit Zivilcourage dazwischen zu gehen, wenn jemand fast totgeschlagen wird? Es ist doch irgendetwas in uns das sagt: "...weil sich das einfach nicht gehört. Das ist nicht richtig so!" Diese Instanz ist die uns innewohnende Vernunft!

Wir Menschen können also vernünftig handeln. Demnach wäre der Mensch ja ein vernunftbegabtes Tier. Begabt deshalb, weil er vernünftig handeln **kann**.

„Zwei Seelen wohnen, ach, in meiner Brust", sagte eins der große Denker Goethe. Und so ist es ja. Einerseits wirken in uns unsere tierischen Triebe und andererseits ist dort unsere Vernunft. Die Kacke ist jetzt nur, dass immer eine Seite leiden muss. Wenn ich eine Schwangerschaft vermeiden will, zieh ich ihn kurz vorm Abgang raus, weil das vernünftig ist - und unterdrücke meinen Trieb. Wenn ich aber den Abgang zulasse und die Frau schwängere, die ich seit 3 Sex-On-The Beach und 2 B-52s kenne, folge ich meinem Trieb und vernachlässige die Vernunft.

Was aber an dieser Stelle deutlich wird ist, dass ich die Wahl habe: der Vernunft zu folgen, oder meinem Trieb. Zugegeben, Kevin und Chantal werden wahrscheinlich laufen lassen - das Amt zahlt ja! Wir brauchen also einen starken Willen. Und dies ist des Menschen freier Wille, mit dem wir entscheiden. Und wer jetzt sagt:

„Der Mensch hat keinen freien Willen, ich kann mich nicht frei entscheiden, sondern muss Dinge tun…" – naja, da sagt schon Professor Friedrich Schiller: "Einen Scheiß muss ich!" Ich muss nur kacken, aber auch nur dann, wenn ich gegessen habe. Nur sterben muss ich. Jedes Handeln hat eine Konsequenz.

Es bedarf Anstrengung seinen freien Willen zu formen. Ich muss entschlossen dazu sein. Und mache ich diesen Quantensprung und erhebe mich über meine tierische Natur hin zur Vernunft, befinde ich mich plötzlich auf einer anderen Ebene – nämlich auf der Geistigen und ich werde mir meines Bewusstseins bewusst.

Ein erhabener Mensch kann also bewusst vernünftig handeln. Der Mensch ist also ein geistiges Wesen mit einem tierischen Anteil, welches bewusst vernünftig handeln oder sich bewusst von seinem Trieb leiten lassen kann. Professor Schiller nennt das **Würde**.

Die Religion will uns seit langer Zeit eintrichtern, dass wir uns nur über unser Fleisch erheben müssen und dann frei werden. Jesus hat mich gerettet und mich frei gemacht. Halleluja! Ganz ehrlich, wenn ich eine Krawatte habe und mich die Mordlust plagt, kann ich mich zwar entscheiden vernünftig zu handeln und jemanden nicht zu töten, aber ich darf dennoch mit meinen Emotionen umgehen.

Ist das Freiheit? Eins wird doch immer unterdrückt. Die Vernunft oder die Triebe bzw. Emotionen. Gehüpft wie gesprungen wo Unterdrückung herrscht kann keine Freiheit sein. Da beißt sich der Frosch selbst in den Schwanz. Wird der Mensch von seinem Trieb/Emotionen geleitet, ist er außer sich. Leitet ihn die Vernunft ist er wieder bei sich.

Doch wie sind wir in uns? Das ist eine gute Frage. Wir dürfen uns also etwas ausdenken (Ich empfehle an dieser Stelle, sich mal mit den philosophischen Schriften Schillers zu beschäftigen – aber Vorsicht das könnte das selbständige Denken anregen).

Und da kommen wir auch schon zu dem nächsten Punkt: **Kreativität**. Menschen können schöpferisch denken und Dinge erfinden, die vorher nicht da waren. Wir können Maschinen erfinden, eine Symphonie schreiben, universelle Prinzipien entdecken und anwenden, um unser Umfeld zu verändern. Die menschliche Kreativität durchbricht Grenzen, überwindet Gegensätze und formt ganze Gesellschaften, bis hin zum Universum! Es ist die menschliche Kreativität, durch die wir Menschen Krisen nicht nur überwinden, sondern die Überwindung bedeutet gleichzeitig Fortschritt. Es ist das schöpferische Denken, welches die Oligarchie seit jeher fürchtet. Das ist der Grund, warum Prometheus bestraft wurde – weil er den Menschen das Feuer zurück brachte. Fassen wir zusammen so sehen wir, dass wir doch mehr als nur Tiere sind.

Der Mensch ist ein kognitives Wesen mit kreativ-schöpferischen Fähigkeiten, welches vernünftig handeln kann!

Und so schließe ich mit einem Gedicht von unserem hochgeschätzten Professor Friedrich Schiller:

<u>Hoffnung</u>

Es reden und träumen die Menschen viel

Von bessern künftigen Tagen;

Nach einem glücklichen, goldenen Ziel

Sieht man sie rennen und jagen.

Die Welt wird alt und wird wieder jung,

Doch der Mensch hofft immer Verbesserung.

Die Hoffnung führt ihn ins Leben ein,

Sie umflattert den fröhlichen Knaben,

Den Jüngling locket ihr Zauberschein,

Sie wird mit dem Greis nicht begraben;

Denn beschließt er am Grabe den müden Lauf,

Noch am Grabe pflanzt er - die Hoffnung auf.

Es ist kein leerer schmeichelnder Wahn,

Erzeugt im Gehirne des Thoren.

Im Herzen kündet es laut sich an:

Zu was Besserm sind wir geboren;

und was die innere Stimme spricht,

Das täuscht die hoffende Seele nicht.

Bildung

Kevin und Chantal haben nun knapp ein Jahr später die Welt um ein neues Wesen bereichert – Jaqueline ist da! Aber was nun machen mit dem Balg? Gut wir stopfen erst mal Pommes und Cola in das Kind und irgendwann nimmt uns ja die Schule die Nervensäge ab. Und jetzt geht's richtig los: Auf dem Stundenplan steht heute: Wie trenne ich Müll, Warum ich ein Nutellabrot nicht mit in die Schule bringen darf, wie meinen Eltern unnötig Geld aus der Tasche gezogen wird und Sexualaufklärung – wie führe ich mir einen Dildo ein. In der Pause noch schnell die neuesten Pornos ausgetauscht und dann geht's weiter. Jetzt lernen wir, wie böse der Mensch ist. Wertvermittlung müssen eben die Eltern machen! Kevin? Chantal? Hmm...! Na gut, dann eben keine Werte, aber wie funktioniert der menschliche Geist? Und jetzt brauchen wirgar nicht mehr über Kevin und Chantal zu lachen, denn wer beschäftigt sich heute schon damit und schult seinen eigenen Geist? Was ist überhaupt Bildung?

Bildung ist weitaus mehr, als Tante Google oder Onkel Wikipedia aufzurufen und mal eben nachzuschlagen, was dort fein ausgewählte Fachidioten niederschreiben. Bildung ist auch mehr, als stundenlang auf Youtube Dokus über Außerirdische, Kopp TV oder andere sogenannte Aufklärungsvideos zu sehen.

Aber genau das ist es, was der Zeitgeist hergibt. Die Menschen merken langsam, dass etwas nicht stimmt, dass die Bedeutungslosigkeit ein tiefes Loch in ihre Seele brennt. Und genau das ist auch der Grund für die Phänomene, die ich weiter vorne aufgeführt habe. Im alkoholisierten Zustand oder high, eben geistig umnebelt, lässt sich diese Bedeutungslosigkeit besser ertragen. Der Effekt ist aber Derselbe, wie der Versuch, eine dunkle Höhle mit einer

Bombe ausleuchten zu wollen – es wird kurz hell, aber nach der Explosion ist die Höhle größer, wenn nicht sogar zerstört!

Ich wette 8 von 10 Lesern haben sich köstlich amüsiert beim Lesen der ersten Seiten. Der Zustand in dem unsere Zivilisation lebt, ist weitläufig bekannt und vielen ist auch die Tragik dieses Zustands bewusst. Das Bewusstwerden dieses Zustandes, das sich-darüber-im-klaren-werden, dass wir zu geistigen Sklaven gemacht wurden, zieht erst einmal Frust und Verdrossenheit (naja bei manchen auch starke Paras) nach sich. Gefolgt von dem ohnmächtigen Gefühl dem Ganzen hilflos ausgeliefert zu sein!

Mich persönlich macht es wütend diesen Zustand mit anzusehen. Durch mein jahrelanges geisteswissenschaftliches Studium erkenne ich die Maschen, die heute herrschen und gleichzeitig weiß ich, wie wir uns daraus befreien: Es ist ein Kampf nötig. Und zwar dürfen wir in die Schlacht ziehen für die menschliche Freiheit.

Wir befinden uns in einem Krieg, der nicht mit gewöhnlichen Waffen gekämpft wird. Es handelt sich um eine psychologische Kriegsführung in der wir Menschen wie Vieh behandelt und auch wie dieses benutzt werden. Ja, wir sind die Baumwoll-Neger der an der Wall-Street und City of London sitzenden Farmer. Und die Peitschen, mit denen wir demoralisiert werden, nennen sich Konditionierung, Introjektion und Inception von destruktiven Glaubenssätzen. Mordor hat seine Orks im Gewand von falschen Wissenschaftlern, bezahlten Journalisten und korrupten Politikern ausgesandt und die Verwüstung und Zerstörung, die diese jämmerlichen Kreaturen hinterlassen, finden wir Samstagnacht im Partyrausch und tagtäglich auf Facebook und in anderen sozialen Netzwerken – Frust, Wut und Hilflosigkeit!

Mal ganz ehrlich, was bringt uns jetzt, unser fortschrittliches Informationszeitalter? Wir sammeln Informationen, wie die Bienchen den Honig und paddeln dennoch vergeblich, um dem Orkstrudel zu entkommen! Doch der Schlüssel zu den Handschellen der geistigen Fesselung ist Bildung! Bildung kommt vom Altdeutschen „bildunga" und bedeutet so viel wie Schöpfung, Bildnis, Gestalt. Es bezeichnet die Formung des Menschen im Hinblick auf sein „Menschsein", seiner geistigen Fähigkeiten (Wikipedia).

Wir dürfen uns heute informieren oder auch Zuchtanstalten, die Schulen genannt werden, besuchen. Aber wahre Bildung ist heute verpönt und auch nicht gewollt!

Warum?

Warum wird uns als Gesellschaft eine solche Kultur auferlegt und warum wird uns wahre Bildung verwehrt? Um diese Frage zu beantworten, dürfen wir ein wenig tiefer in die Trickkiste Saurons greifen...

Die Frankfurter Schule

1923 wurde das Institut für Sozialforschung, die Frankfurter Schule, gegründet. Angeblich sollte es durch seine „kritische Theorie" Menschen von ungerechtfertigter Herrschaft befreien. Ziel war „die Emanzipation des Menschen". Und so startete die Umerziehung und der Wertewandel in Deutschland.

Aber was dabei herauskam war alles andere als Emanzipation. Denn das wahre Ziel war ein Abhängig-machen und somit eine neue Versklavung von Menschen.

Die Folge war eine sogenannte Objektfixiertheit, ein Reduzieren auf bloße Bedürfnis- und Triebbefriedigung, wachsende Rauschmittelabhängigkeit und eine Allgemeine Orientierungslosigkeit. Die menschliche Seele reagiert auf solch ein Ausgeliefertsein mit wachsender, diffuser Angst und sich aufstauender, umorientierter Wut. Angst zusammen mit dem Gefühl der Ohnmacht und Wut sind der Kunstgriff um über Menschen zu herrschen. War das tatsächlich so gewollt? Die Frankfurter Schule behauptete in ihrer „kritischen Theorie" diese Folgen seien eine selbstverständliche Reaktion auf die bisherigen bürgerlichen, auf christliche Weltanschauung und kapitalistische Produktionsweise gegründete Lebensweise. Na dann schauen wir uns doch mal die „edlen" Motive der Frankfurter (Ork-)Schule an:

Die Basics der Herrschaft von Menschen über Menschen sind Angst und Unzufriedenheit. Aber natürlich gibt es ja nette Menschen, die einen vor diesen Quellen der Angst schützen. Und dafür nimmt man auch die Lasten auf sich, die einem die Schützer auferlegen. Meist stecken hinter den Ängsten auch echte Bedrohungen.

Herrschaft wird gebraucht, um die Kräfte der Gesellschaft zu bündeln und diese gegen die Bedrohung ins Feld zu führen. Hat man aber über die Bedrohung gesiegt, ist die Herrschaft in den Augen der beherrschten nicht mehr notwendig. Damit die Herrschenden jetzt nicht ihre Macht aus den Händen geben müssen, halten sie ein gewisses Maß an Bedrohung aufrecht. Das ist das Prinzip der Mafia mit ihren Schutzgeldern.

Die Bedrohungen müssen nicht immer echt sein. Auch existentielle Ängste oder Identitätsprobleme lassen sich wunderbar nutzen um diese in das Gewand eines imaginären Feindes zu projizieren. Von diesem Feind geht jetzt ein solcher Terror aus, der aber nicht wahr ist sondern nur geglaubt wird. Damit die Kröte geschluckt wird, müssen die Herrschenden nicht nur mehr Schutz bieten sondern auch etwas, womit sich die armen

Schweine glaubhaft ablenken können – verlässliche Lebensregeln und Sinnvorgaben. Hierfür eignen sich besonders angebliche Umweltbelastungen (Klimaveränderung durch den Menschen) und die eingeredete Angst, die Überbevölkerung, gerade in den Entwicklungsländern, würde uns ins tragische Armageddon führen. Die Wichtigkeit der Familie zur Heranbildung eines selbstbewussten jungen Menschen wurde heftig kritisiert und das Ganze noch von den Theorien eines chauvinistischen Koksers (Sigmund Freud) untergraben. Es folgten Aufsätze, wie „Dialektik der Aufklärung" und „Kritik der instrumentellen Vernunft", in denen die Angst ganz plausibel erklärt, ja heftig geschürt wurde. Hier ging es niemals um Emanzipation, sondern um den Aufbau einer „Diktatur ohne Tränen" - Die psychosoziale Knechtung der Menschen. Dazu stellte die Frankfurter Schule Materialien zusammen, die alle hübsch aussahen: Religions-, Literatur- und Kunstwissenschaft. Und so wurde eine neue Elite herangezüchtet, die nun in dem Besitz des einen Ringes war!

Die Folgen zeigen sich in der heutigen Angst, die Menschheit stürze sich mutwillig und bösartig in den Abgrund und um davon nicht in erschlaffter Langeweile oder völliger Depression zu ergehen bieten die Herrscher das was immer schon geholfen hat – Brot und Spiele. Und diese werden immer perverser! Man muss heute abschalten um klar zu kommen. „ I can´t get no Satisfaction"(Rolling Stones). Selbstbefriedigung ist in das gesellschaftliche Leben eingezogen. Und je mehr masturbiert wird, desto größer wird die innere Leere. Die Perversitäten müssen immer weiter gesteigert werden um Befriedigung zu erlangen. Das ist nicht nur der Grund für die heutige, ekelhafte „Kultur" - sondern auch für das immer stärker aufkommende Phänomen satanischer Kulte, die vor perversen Ritualen bis hin zu blutigen Morden vor nichts zurückschrecken. Und die Begründer der Frankfurter Schule begrüßten diese Auswirkungen. Walter Benjamin schrieb in den 20er Jahren seine Schrift „Emanzipation vom Druck der Moral" und Herbert Marcuse forderte in den 60er Jahren „Die Befreiung des Denkens, Forschens, Lehrens und Lernens von dem bestehenden System der Werte und Verhaltensweisen". Ebenso der von den Nazis ach, so hoch geschätzte Friedrich Nietzsche, der das historische Bewusstsein (also die Verantwortung für Geschichte) als „unglücklich" ablehnt.

Die in den Gefängnissen des Irak verübten Ungeheuerlichkeiten, Vergewaltigungen, der Mordrausch, die Lust am Quälen sind Ausdruck einer ungebändigten und noch nicht kultivierten, ursprünglichen Wildheit des

Menschen. Die Bestialität, wie in den Vernichtungslagern der Nazis oder die Folterungen in Guantanamo, sind das wissenschaftlich geplante Ergebnis einer systematischen, enthemmenden Erziehungsarbeit!

So lässt sich ganz einfach der Wille der Menschen brechen.

1993 äußerte sich ein leitender Angestellter des britischen Instituts für Psychiatrie in Tavistock bei London folgendermaßen:

„Jetzt tritt die Angst über einen Atomkrieg zurück. Dafür treten zahlreiche andere Ängste hervor, vor Allem über unseren kleinen Planeten. Es handelt sich um eine Art von Malthusianismus...Darauf entwickelt sich das Gefühl, dass das Beseitigen von Bevölkerung vielleicht nicht einmal so

schlecht ist. Wenn sich die Leute in ihrem rationalen Denken über die Brutalität in Jugoslawien auch vielleicht Sorgen machen, so begrüßt diese Unbewusst ihr animalischer Überlebensinstinkt. Das Gewissen ist dabei zu verschwinden. Das Gewissen ist bekanntlich eng mit dem Christentum verbunden. Es zeigt sich, dass die christliche Matrix sehr, sehr brüchig wird."

Mit Christlicher Matrix ist das Menschenbild des Abendlandes und das darauf gegründete Gewissen des Einzelnen gemeint, nicht spezielle Konfessionen, Kirchen oder Dogmen. Das Zerbrechen der christlichen Matrix setzt im Menschen elementare Identitätsängste frei. So formt man sich Orks, die sich willig unterordnen. (Wie jeder weiß waren die Orks einst edle Wesen, die tief gefallen sind)

Die Christliche Matrix

Ziel der Frankfurter Schule war ganz eindeutig die Zerstörung der Christlichen Matrix (wie tief das heute noch sitzt erkennt man an der allgemeinen Abneigung, sich mit christlichen Inhalten zu beschäftigen). Um zu verstehen, was hier passiert ist, dürfen wir uns diese Christliche Matrix einmal genauer anschauen. Der Soziologe Dr. Helmut Böttiger beschreibt die Frankfurter Schule und die Zerstörung der Christlichen Matrix folgendermaßen:

„Im Mittelpunkt der Christlichen Matrix steht das Gewissen: die Fähigkeit und Bereitschaft der Menschen zwischen, außerhalb seines eigenen Bewusstseins vorgegebenen, Werten wie Gut und Böse, Schön und Hässlich, Wahr und Falsch zu unterscheiden und entsprechend zu handeln.

Bei den drei Kriterien handelt es sich also in christlichem Verständnis nicht um subjektiv beliebige Geschmacks- und Bewertungsfragen. Sie bilden vielmehr eine Einheit, in der sich Gott, der Schöpfer des Himmels und der Erde ausdrückt. Das Gute, Schöne und Wahre steht in engem Zusammenhang mit dem, was für das Entstehen und Werden (und nicht nur „das Dasein") aller Dinge und Lebewesen entscheidend und der eigentliche Ursprung ihrer Entwicklung ist. Dieser Ursprung wurzelt im Wollen (Gut) und Wissen (Schön) und muss realisiert (Wahr) werden. Daher glauben Christen an einen persönlichen, das heißt mit Selbstbewusstsein und Absicht schaffenden Gott (Subjektseite des Seienden).

Das Wesen des Menschen ist, wie es das christologische Dogma umreißt, das endliche Bild Gottes, die Repräsentation (und das Wirkmittel) des unendlichen Schöpfergottes im Endlichen. Demnach kann der Menschen an der voranschreitenden Vervollkommnung des Seienden selbstbewusst und schöpferisch, „frei" aber ergebnisorientiert mitarbeiten. Dementsprechend trägt er auch für das, was er bewirkt, Verantwortung. In seiner schöpferischen Fähigkeit, und nicht in irgendwelchen Verstandesfunktionen, liegt die besondere Würde des Menschen und sein wesentlicher Unterschied zum Tier.

Der Mensch erfüllt sein Wesen, indem er für den Nächsten, sich und seine Umwelt scheinbar objektive Grenzen des Wachstums kreativ-produktiv überwindet oder wenigstens daran arbeitet. Das kann zum Beispiel geschehen, wenn er in einem objektiv traurigen Menschen wieder ein Lächeln der Zuversicht weckt oder wenn er der darbenden Menschheit mittels einer wissenschaftlich-technischen Erfindung eine neue Energiequelle erschließt. Die christliche

Lehre fasst die dazu erforderliche, höchst komplexe Anstrengung in dem Begriff "agapä", "(christliche) Liebe" zusammen. Sie gilt daher als das gemeinsame Wesen des unendlichen Gottes und des endlichen Menschen.

An dem so begriffenen Wesen des Menschen orientiert sich die Gewissensentscheidung. Herausforderungen, die den Menschen seinem Wesen näher bringen, sind „gut", was ihn davon abhält ist „böse". Glück und Freude erfährt der Mensch, wenn er sich seinem Wesen nähert, Angst und Leere, wenn er sich von ihm entfernt. Nur durch Rausch, ekstatischen Genuss oder „Arbeitswut" und Ähnliches lässt sich Angst und Leere im Augenblick der jeweiligen Situation vorübergehend überdecken.

Wesensgemäßes, vernünftig-kreatives Handeln stellt sich nicht spontan ein, es ist nur als Lohn für Arbeit, Anstrengungen und Mühen zu haben.

Dabei sind die Belastungen vor allem seelischer (nach Luther das „Sterben des alten Adams") und weniger physischer Natur. Sich solchen belastenden Herausforderungen entziehen zu wollen, ist im eigentlichen Sinne „böse" und Ausdruck der Lieb(gott)losigkeit.

Daher gilt der christlichen Lehre Bequemlichkeit als Todsünde, und „Faulheit als aller Laster Anfang". Hier liegt auch der Grund, weshalb das christliche Konzept der Gottebenbildlichkeit vielen scheinbar aufgeklärten Menschen als "proton pseudos", als Lüge schlechthin, erscheint. Das macht ein weiterer Aspekt verständlich: Sein Wesen ist dem Menschen weder als Eigenschaft noch als Zustand verfügbar. Er nähert sich ihm, wenn er in bestimmter Richtung kreativ tätig ist. Dem versucht der Begriff der Erbsünde gerecht zu werden. Die Erziehungssituation vermag das zu veranschaulichen:

Das neugeborene Kind ist zwar vernunftfähig aber nicht vernünftig. Es kann nicht zwischen Gut und Böse entscheiden und repräsentiert selbst noch nichts vom Wesen des Menschen. Trotzdem "erkennen" die Eltern und Erzieher in ihm dieses Wesen. In dem Maße, in dem sie das tun, d.h. das Kind lieben, üben sie elterliche Autorität aus und repräsentieren dem Kind gegenüber dieses menschliche Wesen.

Elterliche Autorität ist nicht willkürlich, sondern hat sich als vernünftig, das heißt im Einklang mit dem universellen, göttlichen

Schöpfertum zu erweisen. Vor allem aber ist elterliche Autorität endlich, also auch darauf angelegt, sich zu erübrigen. In dem Maß, in dem der Mensch selbst vernünftig wird, kann und muss er der äußeren, über ihn bestimmenden Autorität entraten.

Die Freiheit, sich dem Gewissen entsprechend zu entscheiden, gehört nach der christlichen Matrix zum Wesen des Menschen. Sie hat zur Voraussetzung, dass der heranwachsende Mensch lernt, zwischen dem Wesen des Menschen, soweit es von der elterlichen Autorität ihm gegenüber nur repräsentiert wird, und dem Wesen, soweit es sich selbst in seinem eigenen Gewissen zu melden beginnt (Gnade), zu unterscheiden ("Man muss Gott mehr gehorchen als den Menschen"). Das Nein gegenüber der elterlichen Autorität kann daher zur „conditio sine qua non" eigener Wesentlichkeit werden. „An sich" ist dieses

Nein aber nicht gut und auch kein Ausdruck von „Freiheit". Ob es gut oder böse ist, hängt davon ab, wohin und wogegen es sich wendet. Es kann elterliche Zumutungen abwenden wollen, welche die Entwicklung eigener Wesentlichkeit behindern oder Herausforderungen, welche zur grenzüberschreitenden Entwicklung, zur Überwindung kindlicher Rückständigkeit auffordern. Nicht jeder Protest und jede Revolte ist also emanzipatorisch und damit gut.

Mit Leibniz begann sich die christliche Matrix zu „säkularisieren". Das Gewissen löste sich von religiös-kultischen Verbrämungen und äußerte sich in einem zunehmend vernunftbezogenen Gewand. An die Stelle der Schöpfungstheologie rückte eine nicht positivistisch reduzierte Naturwissenschaft. Mit Wissenschaft und Technik bekam das

Gewissen eine praktische und - wenn man will - ökonomische Bedeutungsebene. Physische Not ließ sich praktisch überwinden.

Seinen Ausdruck fand das im Erfinder-Unternehmer. Diese Form der bürgerlichen Existenz wurde im Biedermeier von allerlei kritikwürdigen, miefigen Zuständen überdeckt und verzerrt. Deren Kritik ließ sich dazu missbrauchen, die Herausforderung, die diese selbstbewusste Existenzweise vor allem für den, die physische Arbeit scheuenden Intellektuellen darstellt, abzuwimmeln. Der bürgerlichen Existenz wollte die Frankfurter Schule die Befreiung des Eros und des Genusses entgegen stellen.

Das Gewissen der christlichen Matrix ist eine anstrengende Sache und mit Arbeit verbunden. Dagegen erhob sich zu allen Zeiten Protest und Widerstand in areligiösen *oder pseudoreligiösen Formen. Sie wurden mehr oder weniger offen im Namen der Bequemlichkeit geführt aber als Befreiung von ungebotenen Ansprüchen an den Menschen gerechtfertigt oder als Ergebenheit in ein unabwendbares Schicksal verklärt.*

Die Revolte richtet sich gegen den Anspruch, der Einzelne trage für die allgemeine Entwicklung Mitverantwortung. Sie versteckt sich gerne hinter einem Kollektiv, hinter einer pseudowissenschaftlich erwiesenen Determiniertheit aller Naturvorgänge also auch des Einzelnen, hinter objektiven "Triebgesetzen der Gesellschaft" (Adorno), oder des Marktes und ähnlichem. Solche Determiniertheit, zum Beispiel auch Nietzsches überschwänglich gefeiertes Konzept von der „Ewigen Wiederkehr des banalen Gleichen", engt das Wesen des Menschen, das darauf angelegt ist, Grenzen des Wachstums zu überwinden, ein und erzeugt so - im metaphysischen Sinne - Angst. Als Ergebenheit in das Walten eines allmächtigen, alles beherrschenden und festlegenden, unergründbaren Gottes oder Weltgeschicks nimmt der Protest pseudoreligiöse Züge an.

Die heute noch verbreitetste Form der Revolte war der Liberalismus im Gefolge Adam Smith'. Er zielte auf die ideologische Zersetzung der praktischen Verantwortlichkeit des Menschen und ersetzt sie durch den Marktmechanismus der unsichtbaren Hand und die ideologische Rechtfertigung des Mangels als der ontologischen Grundkomponente des Wirtschaftens. Die Rechtfertigung der egoistisch liberalistischen Revolte brach sich zunächst an der Industrialisierung der zu spät gekommenen Randländer (Deutschland, USA) und löste später Weltkriege aus. Darauf wollen wir hier aber nicht eingehen.

Aber auch andere Formen der frühen Revolte sind für unser Thema unmittelbar relevant. Dazu gehören:

-       die Romantik, mit ihrer Deifizierung und Mobilisierung der natürlichen Triebimpulse im Menschen,

-       der Radikaldemokratismus als Widerstand gegen die moralisch- praktischen Zumutungen äußerer wie innere Autoritäten,

-       der Sozialismus, soweit er selbstbewusstes Schaffenwollen in Neidgefühle und Wut, übervorteilt worden zu sein, umformt.

Seit 1859 begann die Revolte gegen die Christliche Matrix die abendländische

Geschichte zu prägen. Das war die Bedeutung des Begriffs der "Modernität", den Charles Baudelaire prägte. Dabei bestand schon damals über die Zielsetzung auf Seiten der Revolte-Intellektuellen kein Zweifel.

Charles Baudelaire schrieb nämlich: "Der Dandyismus ist das letzte Aufleuchten des Heroismus in den Zeiten des Verfalls... In der Wirrnis dieser Zeit können einige aus der Bahn geworfene, angewiderte, unbeschäftigte, aber an ursprünglicher Kraft reiche Menschen sich vornehmen, eine neue Art von Aristokratie zu gründen. Sie ist umso schwerer zu zerbrechen, als sie sich auf die kostbarsten, unzerstörbarsten Fähigkeiten und auf Himmelsgaben stützt, welche durch Arbeit und Geld nicht zu erlangen sind."

Die Revolte ist das eigentliche "Projekt der Moderne" (Jürgen Habermas). Die in den

Massen gezündete Revolte ist somit in erster Linie ein politisches Machtmittel in der Hand der "neuen Art von Aristokratie". In ihrem Sinn hat sie zunächst zahlreiche Formen der romantischen Bewegungen, wie der „arts and crafts movement" aus England (John Ruskin), den Wandervogel, die Lebensreformbewegung, Kosmische Naturfühligkeit und Ähnliches ins Leben gerufen. Diese trugen das Material zusammen, aus dem heute die New Age Bewegung als postmoderne, postchristliche, synkretistische Religion geschmiedet wird. Schon frühzeitig wurden weitergehende politische Bewegungen geformt, vor allem der Sozialismus (ebenfalls von John Ruskin), der Nationalismus und Formen des Rassismus. Die in ihrem Identitätsgefühl verletzten Massen wurden in nationalistische, sozialistische und rassistische Bewegungen und Parteien organisiert, ehe sie ohne besonderen Ismus von einer alles umfassenden Unterhaltungs- und Bewusstseinsindustrie verfügbar gemacht werden konnten.

Die Frankfurter Schule war der erste, systematisch betriebene Versuch, die verschiedenen Aspekte dieser Revolte zusammenzufassen. Dazu sammelte sie in der ersten Schaffensperiode unter dem Fabianer Carl Grünberg die Schriften der Intellektuellen der Revolte möglichst vollständig im Grünberg Archiv. In der zweiten Periode, unter Max Horkheimer, schmiedete sie aus dem gesammelten Material mit Hilfe sozialwissenschaftlicher Techniken die Herrschaftsinstrumente der neuen Aristokratie.

Vorformen der Frankfurter Schule waren die Kaderseminare kommunistischer Intellektueller auf der Insel Capri. Ihre

Erträge brachte Walter Benjamin in die Arbeit der Frankfurter Schule ein.

Die historischen Anfänge der Frankfurter Schule sind für ihr Verständnis nicht unerheblich. Nach dem Gelingen der Russischen Revolution erwarteten die Intellektuellen der Capri-Schule ein Übergreifen der Revolution auf Deutschland und von da aus auf den Rest der Welt. Dazu kam es nicht, obwohl in Deutschland nach der Niederlage alle "objektiven" Voraussetzungen für eine kommunistische Revolution gegeben waren. Die Institutionen waren zerschlagen, die herrschende Elite diskreditiert und entmachtet, das Elend der Massen kaum zu beschreiben. Trotzdem folgte die deutsche Arbeiterklasse dem Ruf "ihrer" Avantgarde nicht. Das frustrierte die Revolte - Intellektuellen um 1922. In dieser Situation berief Felix Weil 1922 eine "Erste

Marxistische Arbeitswoche" in ein nobles Hotel in Illmenau am Thüringer Wald ein. Felix war Sohn des Getreidehändlers Hermann Weil, dem die Briten aus unerfindlichen Gründen Marktanteile am lukrativen Getreidehandel Argentiniens eingeräumt hatten. Mit Getreide und weiterreichenden Spekulationsgeschäften hatte er im unterversorgten Deutschland außerordentliche Reichtümer ansammeln. Sie finanzierten neben der KPD den Start der Frankfurter Schule.

Die Tagung in Illmenau bestimmten zwei Redner. Der eine war der in England zum Fabianismus bekehrte Rätesozialist Karl Korsch. Er hatte gerade sein Buch "Marxismus und Philosophie" veröffentlicht. Darin empfahl er, die marxistische Revolutionstheorie durch einen über das Ökonomische hinausgreifenden, breiteren, philosophischen Ansatz zu erweitern. Den fand er im Entfremdungskonzept des jungen Hegel. Der andere Redner kam direkt aus Moskau. Es war der ehemalige Volkskommissar für Kultur der gescheiterten ungarischen Räterepublik, Georg Lukacs. Auch er hatte gerade ein Buch "Geschichte und Klassenbewusstsein" herausgebracht. Danach hatte die deutsche Arbeiterklasse im Unterschied zur russischen deshalb die sozialistische Revolution nicht unterstützt, weil sie trotz ihrer Säkularisation geistig noch immer im besonderen, westlichen Christentum (der christlichen Matrix) befangen war. Um die damit verbundene Denk- und Empfindungsweise auszumerzen, schlug Lukacs Organisationsstrategien vor, die sich an den marxistischen Begriffen der "Verdinglichung" und des "Fetischcharakters der Ware" orientieren sollten. Was mit Hilfe der aus diesen Begriffen abgeleiteten

Instrumente geleistet werden sollte, war nicht weniger, als im einzelnen Individuum ein grundsätzliches Misstrauen in das eigene vernünftige, moralische Urteilsvermögen zu verankern. Lukacs hat bei dem von ihm hoch verehrten Dostojewski gelernt, dass sich der Mensch dann, wenn er sein Ich und seine Persönlichkeit in einer kollektiven Instanz aufhebt (im Falle Lukacs war das die objektive, soziologische Größe "Partei der Arbeiterklasse und deren Avantgarde"), von den Leiden an seiner moralischen Unzulänglichkeit entlastet. Lukacs hatte sein revolutionäres Wollen nicht an Karl Marx sondern an Dostojewski geschult. Dementsprechend fand er das "Modell des neuen Menschen" in Aljoscha Karamasow, jenem nützlichen "Engel", der seine persönliche Identität dem Kloster des Staretz geopfert hatte. Dieses Opfer seines Ich's machte ihn gegen alle Anwürfe westlicher

Zivilisation (Christliche Matrix), die Iwan Karamasow verkörperte, unerreichbar. An die Stelle des Klosters tritt bei Lukacs die Partei. Ein Schlüssel für Lukacs Denken ist die Parabel vom Großinquisitor aus Dostojewskis Roman "Die Brüder Karamasow". Er behandelt die unterschiedlichen Reaktionen des Menschen auf den Vatermord, welche die drei Brüder verkörpern.

Als Volkskommissar für Kultur gehörte es zu den Aufgaben Lukacs, mit der nicht umerziehbaren Intelligenz des alten Regimes aufzuräumen. Augenzeugen berichten, dass er, bevor er die Erschießungskommandos ausschickte, sie jedes Mal mit einer kleinen Ansprache stärkte. Diese soll meistens mit den Worten aus der Parabel des Großinquisitors geendet haben: "Wir, die wir die Sünde zu deren (der Massen) Glück auf uns genommen haben, wir werden uns vor Dir

(Jesus) erheben und sagen: Richte uns, wenn du kannst und es noch wagst!"

Die Parabel ist vielfach falsch gedeutet worden. Wovon handelte sie? Der auferstandene Jesus kommt auf die Erde zurück. Die Kirchenleitung fühlt sich bedroht und lässt ihn fangen. Der Großinquisitor rechtfertigt in einem Monolog seinen Entschluss, ihn "morgen (als Ketzer) zu verbrennen". Jesus habe die schwachen Menschen mit der Freiheit, die an die Unterscheidung von Gut und Böse gebunden sei (christliche Matrix) überfordert und sie um einiger weniger "auserwählter Stolzer" willen ins Unglück gestoßen. "Ich bin - bekennt dagegen der Großinquisitor - aus der Reihe der Stolzen ausgeschieden und bin zurück gekehrt zu denen, die sich gedemütigt haben zum Heil der Sterblichen". Er habe - erklärt er - aus Erbarmen mit der

Schwachheit der kleinen Leute, ihnen die moralischen Entscheidungen ab und auf sich genommen. Was das bedeutet, erklärt er in drei Anläufen. An Hand der Versuchungsgeschichte aus den Evangelien stellt der Großinquisitor die Fehlentscheidungen Jesu richtig. Im Unterschied zu Jesu habe er es auf sich genommen, den Menschen 1. eine materielle Grundversorgung zu gewähren (Steine zu Brot gemacht) 2. durch Unterhaltung ihren mühseligen Alltag zu verschönern (Geheimnis, Wunder - Sprung vom Tempel) 3. und ihnen die moralischen Entscheidungen durch entlastende Verhaltenssteuerung erleichtert ("So du niederfällst und mich anbetest").

Jesus hört die Rede des Großinquisitors schweigend an, "küsst ihn sanft auf dessen blutlose Lippen" und verschwindet, ohne ein einziges Wort gesagt zu haben, auf nimmer Wiedersehen.

Als Ergebnis dieser "Ersten Marxistischen Arbeitswoche" in Illmenau kam es zur Gründung des Frankfurter Instituts für Sozialforschung. Es sollte den intellektuellen Führungsstab der geforderten Kulturrevolution stellen. Die Herkunft der Gelder sagt etwas über die Ausrichtung der Arbeit dieses Instituts aus. Sie stammten zunächst - wie erwähnt - von Felix Weil, flossen aber bald von zahlreichen anderen Institutionen, so unter anderem vom Preußischen Unterrichtsministerium unter Carl Heinrich Becker und aus der Sowjetunion.

Geldlieferanten waren später so revolutionäre Einrichtungen wie die

Rockefeller Foundation, verschiedene Universitäten, das Amerikanische Jewish Committee, das Intern. Labor Office der UNO, das US State Departement und das Hacker Institut bei Hollywood, eine Psychiatrische Klinik wie das erwähnte Tavistock Institut in London.

Als Max Horkheimer nach dem Tod Grünbergs das Institut übernahm, verband er es mit dem Frankfurter Psychoanalytischen Institut, an dem sein und Erich Fromms Psychoanalytiker, Karl Landauer arbeitete.

Erich Fromm brachte eine andere Institution in die Frankfurter Schule ein, das sogenannte "Torahpeutikum". So wurde ein Sanatorium zur psychoanalytischen Behandlung junger Erben wohlhabender jüdischer Familien des Deutschen Bildungsbürgertum genannt, das sie zum Chassidismus bekehren wollte. Die

Chassidim verdünnten die jüdische Orthodoxie zu einer Art jüdischem Volkstum und wandten sich daher strikt gegen jede Form der Assimilation mit dem jeweiligen "Wirtsvolk". Dem Torahpeutikum stand der Kreis um Rabbi Nehemia Nobel nahe, der über Bildungsveranstaltungen Ähnliches versuchte. Aus seinem Kreis stammten neben Fromm unter anderem Krakauer, Benjamin und Adorno. Erich Fromm war, bis ihn Max Horkheimer 1939 aus Geldgründen aus dem Institut drängte, einer der aktivsten Mitarbeiter des Instituts gewesen.

Auf Erich Fromm geht die psychoanalytische Umdeutung der ökonomischen Revolutionstheorie des Marxismus zurück. Sie öffnete den Weg zu der von Georg Lukacs geforderten eigentlichen Kulturrevolution. Danach sollten unbefriedigte Triebimpulse (ES) so stimuliert werden, dass sie gegen ihre

Kontrollinstanz (ÜBERICH) anrannten und diese schließlich beseitigten ("Vatermord"). Dadurch solle der Weg für eine Neuorientierung des Einzelnen (ICH) frei werden. Die mit dem Vatermord verbundenen Schuldgefühle würden sich zwar eine Zeitlang (in der Revolutionsphase) im Rausch des Genusses unterdrücken lassen. Sie würden aber auch - dieser von Dostojewski so eingehend behandelte Aspekt wurde von den Frankfurter Schülern nicht eigens herausgestellt - das Individuum umtreiben, bis es außerhalb seiner Selbst (in der Partei und unter der Führung der intellektuellen Avantgarde) Absolution und Halt findet. Die Frankfurter Schule suchte zunächst nach Ansatzpunkten der geplanten Kulturrevolution. Dazu untersuchte Erich Fromm "Die Entwicklung des Christusdogmas" und regte zum anderen eine empirische Untersuchung des Instituts über "Die Lage der arbeitenden Klassen in Vergangenheit und Gegenwart" an. Hierbei interessierte ihn vor allem, wie die innere Triebstruktur der Unterschicht "domestiziert" und zu "gesellschaftlichem Kitt" umgeformt wurde. Beide Studien brachten kein befriedigendes Ergebnis und führten nicht recht weiter. In Robert Briffaults Buch "Die Mütter, eine Studie über den Ursprung von Gefühlen und Institutionen" fand das Institut für Sozialforschung den gesuchten Ansatz ihrer Kulturrevolution. Fromm gewann Briffault als freien, das heißt nicht bezahlten Mitarbeiter für das Institut. Briffaults These behauptete, dass die autoritäre, paternalistische Familie das Kind vergewaltige und ihm damit die Chance einer freien Entfaltung seiner inneren Triebe und Gefühle verwehre. Sie mache aus der triebhaften Lust vielmehr Gefühlsmaterial, mit dem sich die Gesellschaft zusammenkitten ließ. Sie veranlassten das Institut zu ihrer berühmten Studie "Autorität und Familie". Das dort enthaltene empirische Erhebungsmaterial hatte kaum besonderen Wert. Wertvoll waren die ihm vorgestellten theoretischen Studien von Horkheimer, Marcuse und vor allem der "sozialpsychologische Teil" Fromms.

Hier entwickelte Fromm das Konzept des sadomasochistischen Charakters, aus dem Adorno später die berühmte F-Skala der autoritären Persönlichkeit heraus spann. Die Autorität des Vaters wird im Bürgertum nur wegen der Erbschaft erduldet und weil die damit verbundene Aussicht, einmal selbst seine Rolle einnehmen zu können, für den abverlangten Verzicht entschädigte.

Unter den ökonomischen Bedingungen der Unterschicht ist die ökonomische Rolle des Vaters mangels Erbsubstanz allerdings *überhaupt nicht mehr verlockend, sie zu übernehmen entschädigt nicht für den Verzicht, sich seiner Autorität zu beugen. Daher sei - so die Überlegung - die Bereitschaft zur Unterordnung in ihr auch nur gering vorhanden.*

Die väterliche Autorität ist demnach nur ideologisch und vorgetäuscht und leicht zu knacken. Wird sie anerkannt, erzeugt das einen Charakter, der sich der Autorität nur mit innerer Wut beugt, und der diese Wut an den Schwachen auslässt, weil diese an die eigene kindliche Schwäche erinnern.

Daraus wird folgerichtig die "Dialektik der Befreiung": Um sich aus dieser Situation zu befreien, muss der einzelne sich gegen die Autorität auflehnen und dazu gesellschaftliche und moralische Konventionen sprengen. Ausgesprochene

Amoral, z.B. polymorphe sexuelle Perversionen, dienen der Enttabuisierung und werden zum Mittel, ja zur Voraussetzung der Selbstbefreiung. Dass dies durchaus ernst gemeint war, zeigt ein Aufsatz Horkheimers aus dem Erscheinungsjahr der Studie (1936). Dort heißt es: "Die Fähigkeit zu unmittelbarer Lust ist vielmehr durch die idealistische Predigt der Veredelung und der Selbstverleugnung in vielen Fällen ganz verdorben...

Doch es gibt in der neueren Zeit Anzeichen, die in eine und dieselbe Richtung einer Lösung weisen.

Einige Schriftsteller haben sich nämlich wieder offen zum Egoismus bekannt und zwar nicht zu jener abstrakten und jämmerlichen Fiktion, in welcher er bei manchen Nationalökonomen und bei Jeremias Bentham eine Rolle spielt, sondern zum Genuss, zum Höchstmaß an Glück, in das auch die Befriedigung grausamer Regungen eingeschlossen ist... (Die Befreiung zur Lust) wirft den Menschen nicht auf eine vorhergehende seelische Stufe zurück, sondern bringt ihn zu einer höheren Form der Existenz...

Sie zur allgemeinen Wirklichkeit zu machen, haben jene Denker wenig beigetragen, dies ist vornehmlich die Aufgabe der historischen Personen, bei denen Theorie und geschichtliche Praxis zur Einheit werden" d.i. Die Frankfurter Schule..

Mit der Machtübernahme des Nationalsozialismus in Deutschland und der Verlagerung des Instituts in die USA wurde der materielle Spielraum des Instituts enger. Um den eigenen Wohlstand zu sichern, wurden Mitarbeiter aus dem Institut gedrängt.

Herbert Marcuse und seine Frau Sophie, Otto Kirchheimer, Paul Baran, Leo Löwenthal, Siegfried Krakauer und andere dem Institut nahestehende Personen bekamen führende Positionen beim OSS, dem Vorgänger der späteren CIA und im State Department. Erich Fromm musste sich eine eigene psychoanalytische Praxis aufbauen, was er Horkheimer und Adorno lange Jahre sehr übel nahm.

In den USA wuchs dadurch der Einfluss des Instituts, so dass man die "Aufgabe der historischen Personen, bei denen Theorie und geschichtliche Praxis zur Einheit wurden", weiter führen konnte.

Adorno und Horkheimer schlugen als Vorwand für ihre weiter gesteckten Arbeitsziele dem American Jewish Committee die wissenschaftliche Analyse antisemitischer Vorurteile vor. Horkheimer wurde schließlich zum Leiter dieses Projekts ernannt, Adorno leitete eine Unterabteilung. Ihr oblag es, den faschistischen oder autoritären Charakter soziologisch zu bestimmen. Für das Projekt entwickelte er als Befragungsmethoden das "participant interview". Auf diese Erfindung war er sehr stolz, obwohl es sich um eine altbekannte geheimdienstliche Praxis handelte:

Die Aufklärung durch eingeschleuste, verdeckte Informanten. So dann erstellte er die bereits erwähnte F-Skala. Es handelte sich um die Auflistung der Symptome, an denen der von Fromm entwickelte, sadomasochistische Charakter erkannt werden sollte. Mit diesem Instrumentarium gelang ein ausgiebiges "profiling" der amerikanischen Bevölkerung.

Im Vorwort zu dem erst nach dem Krieg fertiggestellten Projekt stellte Horkheimer fest:

"Unser Ziel ist nicht nur Vorurteile zu beschreiben, sondern sie mit dem Ziel zu erklären, sie zu beseitigen. Ihre Beseitigung bedeutet eine wissenschaftlich geplante Umerziehung". Dafür bot die Nachkriegszeit in Deutschland die beste Gelegenheit. Sie fand aber nicht nur dort stand. Das Ergebnis ist der heute in allen westlichen Ländern zu beobachtende, sogenannte "Wertewandel". Zur Umerziehung sollten vor allem die Medien dienen. Dieser Arbeit widmete sich besonders Adorno. Er übernahm im sogenannten "Radio

Projekt", das die Rockefeller Foundation schon 1937 in Auftrag gegeben hatte, die Untersuchungen über die emotionalen

Wirkungen, die sich mit Hilfe von Radiomusik und hier besonders mit sogenannter populärer Musik bei den Zuhörern auslösen ließen. Leiter des gesamten Projekts war der nahe Bekannte des Instituts, Paul Lazersfeld. Er stammte aus Wien und war der Schwiegersohn des führenden SPD-Funktionärs Rudoph Hilferdings.

Das Projekt lieferte die soziopsychologischen Instrumente zur Steuerung und Handhabung des "außengeleiteten" Menschen. Schon frühzeitig wies Adorno daraufhin, dass sich die Wirkung der Instrumente mit Hilfe des

Fernsehens um ein vielfaches steigern ließen."

Das christliche Abendland

Aber es wurde nicht nur die christliche Matrix zerstört, sondern die gesamte Matrix des christlichen Abendlandes. Die gesamte Bildung unserer deutschen Denker und Dichter beruht auf den kulturgeschichtlichen Fundamenten dieses Abendlandes. Hier finden wir zwei wesentliche Bücher. Das eine ist die Bibel, die das jüdische und christliche Volk verfasste und das andere die Ilias, verfasst von dem großen griechischen Dichter Homer.

Diese beiden Bücher inspirierten zahlreiche großen Köpfe zu den höchsten menschlichen Errungenschaften in Europa bis zur Schaffung einer Nation, die es ermöglichen sollte freie Menschen heranzubilden, die ihr gesamtes menschliches Potential zur Entfaltung bringt – Amerika. Leider ist davon heute, bis auf die Verfassung, so gut wie nichts mehr vorhanden.

Wilhelm von Humboldt, der "Schöpfer" der deutschen Denker und Dichter, setzte sein Bildungssystem auf das Fundament der Antike des Abendlandes. Seinem Bildungssystem erwuchsen die schönen Seelen Schiller, Goethe, Mendelssohn, Lessing, Leibniz, Riemann, Gauß u.a. Aber auch das Christentum hat die Weltgemeinschaft bereichernde Seelen hervorgebracht: Nikolaus von Kues, Brunelleschi, Kepler, Cantor, Bach u. a. Wenn wir unsere zivilisatorische Krise überwinden wollen, müssen wir zur Klassik zurückkehren und lernen, wie diese Menschen zu denken – menschlich. Wir dürfen unsere schöpferische Vernunft wieder entdecken!

Der Ein oder Andere kennt vielleicht noch die Geschichte um Zeus und den Olymp. Die Griechen glaubten an viele Götter und der Oberste der Götter, jedenfalls der himmlischen, war Zeus, der über diese herrschte. Somit herrschte eine kleine Gruppe über die Menschen. Das nennt man Oligarchie. Zeus war im Besitz des Feuers, also der Schöpferkraft, und hielt dieses von den Menschen fern. Nur Prometheus wagte es, das Feuer zu stehlen und den Menschen zu bringen. Damit erreichten die Menschen ihre Unabhängigkeit von den Göttern und konnten von nun an die Welt selbst gestalten. Prometheus wurde zum Helden der Menschen.

Im Besitz der vollen menschlichen schöpferischen Vernunft war die Menschheit nun in der Lage, ohne Opfer für die Götter bringen und beten und flehen zu müssen, die Herausforderungen ihres Fortkommens zu überwinden. Auch heute brauchen wir dieses Promethische Feuer, um unsere menschliche schöpferische Vernunft einzusetzen, die uns durch die Krise und auf ein höheres kulturelles Niveau befördert. Wie die schöpferische

Vernunft funktioniert, will ich hier an dieser Stelle nicht verraten, denn ich will, dass die mutigsten und fleißigsten der Leser sich in das Abenteuer begeben zu forschen und ihr eigenes Menschsein, also das schöpferische Denken entdecken!

Dies geht, indem ihr euch mit den Werken der großen Köpfe, die in der Vergangenheit der Menschheit in einer Krise zur Weiterentwicklung verholfen haben, beschäftigt. So wie Sokrates in einer verkommenen Gesellschaft, Nikolaus von Kues inmitten des dunklen Zeitalters, Kepler durch die Entdeckung der Gravitation und Platon durch den Beweis der Unsterblichkeit der Seele.

Wer sich mit den Werken der großen, schönen, edlen Seelen beschäftigt, lernt ihr Denken nachzuvollziehen und entwickelt sich selbst zur schönen Seele. Die Beschäftigung mit der klassischen Kultur und deren philosophischem und wissenschaftlichem Hintergrund verhilft uns zu wahrer Bildung – Formung des menschlichen Geistes hin zu schönen edlen Seelen. Nur eine schöne, edle Seele kann Glückseligkeit empfangen!

Und auch jetzt schließe ich wieder mit einem Gedicht von Schiller:

Die Sehnsucht

Ach, aus dieses Tales Gründen,

Die der kalte Nebel drückt,

Könnt' ich nur doch Ausgang finden,

Ach wie fühlt ich mich beglückt!

Dort erblick' ich schöne Hügel!

Ewig jung und ewig Grün!

Hätt' ich Schwingen hätt ich Flügel,

Nach den Hügeln zög ich hin.

Harmonieen hör' ich klingen,

Töne süßer Himmelsruh,

Und die leichten Winde bringen

Mir der Düfte Balsam zu.

Goldne Früchte seh ich glühen,

Winkend zwischen dunklem Laub,

Und die Blumen die dort blühen,

Werden keines Winters Raub.

Ach, wie schön muss sich's ergehen

Dort im ew'gen Sonnenschein!

Und die Luft auf jenen Höhen-

O, wie labend muss sie sein!

Doch mir wehrt des Stromes Toben,

Der ergrimmt dazwischen braust;

Seine Wellen sind gehoben,

Dass die Seele mir ergraust.

Einen Nachen seh ich schwanken,

Aber ach! der Fährmann fehlt.

Frisch hinein und ohne Wanken!

Seine Segel sind beseelt.

Du musst glauben du musst wagen,

Denn die Götter leihn kein Pfand;

Nur ein Wunder kann dich tragen

In das schöne Wunderland.

Warum technologischer Fortschritt?

Das Menschengeschlecht zählt fast 8 Milliarden Menschen. Die westliche zivilisierte Gesellschaft ist verdorben und der Rest der Menschheit hungert oder lebt anders unter seiner Menschenwürde. Das transatlantische Wirtschaftssystem ist an seinem Ende. Das Vorhaben EU ist gescheitert und der Agent Smith hat die Grenzen seines Wachstums erreicht. Wenn wir uns von der geistigen Geißelung durch die verkommenen Ideologien der Oligarchie befreit haben, sehen wir ganz klar, dass wir am Wendepunkt stehen!

Unsere Welt ist kaputtgewirtschaftet. Und diese Krise überwinden wir nur durch unsere schöpferische Vernunft. Die Welt können wir nur durch eine neue Form der Wirtschaft (weiter) entwickeln.

Im Film „Matrix" verkörpert Neo (physische Ökonomie, in der der menschliche Geist im

Mittelpunkt steht) das neue System und Agent Smith das Alte (Freihandel auf der Grundlage von Adam Smiths „The Wealth Of Nations").

Das alte System wurde von der Oligarchie dazu geschaffen, die Menschen roh und unkultiviert zu machen, um sie wie Vieh zu benutzen und sie für sich arbeiten zu lassen. So kann man den Menschen ihre Lebensenergie rauben und für sich nutzen. Das haben schon die Ägypter mit den Hebräern gemacht, die weißen Farmer mit dem Negern und heute die Finanzoligarchie mit dem Rest der Welt.

Das neue System (Neo) ist darauf bedacht, das Überleben der Menschheit als Ganze zu sichern, um so dem Fortbestand des Menschengeschlechts zu dienen!

Im Film haben die Menschen die künstliche Intelligenz erschaffen, die irgendwann den Punkt erreicht hat, den Menschen das Denken abzunehmen und dann, gespeist von all den Lehren, mit denen sich die Menschen selbst zum unwürdigsten aller Geschöpfe degradiert und die KI für die Weiterentwicklung gehalten haben, hat die KI systemtheoretisch für sich „erkannt", dass der Mensch nichts weiter sei, als eine biologische Masse, die sich parasitär vermehrt.

Die Wissenschaftler haben also den Glauben über sich selbst als Menschen an die Maschinen weitergegeben. Da die Maschinen von den Menschen „gelernt" haben, wenden sie nun ihr „Wissen" an. Sie versuchen die Menschen zu verdrängen, ganz nach der darwinistischen Ideologie „survival of the fittest". Sie bedienen sich der menschlichen Methode des Krieges und sind davon überzeugt die stärkere Gattung zu sein (sind doch die menschlichen Körper den Maschinen an physischen Kräften unterlegen).

Jetzt kommt der entscheidende Punkt: Das erfolgreiche Überleben einer Gattung hängt immer von der Energiequelle ab. Die Menschen haben also den Himmel verdunkelt um die Maschinen von ihrer Energiequelle zu trennen. Und hier kommt jetzt ganz deutlich zum Vorschein dass der Mensch sein Wissen durch die Erforschung des Universums erlangt.

Er entdeckt universelle Prinzipien und wendet diese kreativ (Kant: a priori) an, um sich neue Energiequellen, mittels technologischen Fortschritts, zu erschließen. Die Maschinen verfügen nicht über diese Eigenschaft. Sie können nur aus Erfahrung handeln (Kant: a posteriori) und greifen mittels Ihres „Verstandes" auf diese zurück.

Die Erfahrung, die die Maschinen haben, stützt sich auf das „Wissen" (Informationen), welches die Menschen ihnen einprogrammiert haben und mittels Logik, innerhalb ihrer Systemtheorie, nutzen sie dieses Wissen und machen das, was sie von den Menschen gelernt haben – sie versklaven die Menschen und lassen sie für sich arbeiten!

Sie lassen die Menschen in ihrem rohen, unkultivierten Naturzustand, befriedigen ihre Bedürfnisse und Triebe und lassen sie damit im Glauben, sie würden ein Leben führen. Geschützt wird dieses geistige Sklavensystem durch sogenannte Programme (Ideologien).

Als Agent Smith zu Morpheus sagt, dass die erste Matrix perfekt, nahezu paradiesisch aufgebaut war, gibt er gleich zu erkennen, dass der menschliche Geist dies nicht akzeptiert hat und gestorben ist. Hier zeigt sich, dass der menschliche Geist ein Streber ist - er wird lebendig gehalten durch das Werdende. Das Streben nach Glückseligkeit hält den Geist lebendig, nicht die Glückseligkeit selbst, denn diese liegt in der Unsterblichkeit. Aber nun wieder zurück zum Film:

Hätte die Maschinengattung überlebt, hätte sie sich nicht der Menschen als Energiequelle bedient? Wohl kaum, denn das ist eine Fähigkeit, die den Menschen einzigartig auf diesem Planeten und nach unserem heutigen Wissenstand im gesamten Universum macht - die Sicherung des Überlebens als Menschengattung durch Erschließung neuer Energiequellen, welche sie durch ihre Schöpferkraft selbst erschafft.

Wie ich schon weiter oben erwähnt habe, sichert der Mensch den Fortbestand und die Steigerung der potenziellen Bevölkerungsdichte, indem er das Universum erforscht und sich universelle Prinzipien zu eigen macht, um neue Energiequellen zu erschaffen, welche eine immer höhere Energieflussdichte aufweisen!

Der Mensch hat die Fähigkeit über die Natur und ihre Gesetzen zu herrschen. Im Film wird das dadurch symbolisiert, dass Neo fliegen kann. (Neo heißt in der Matrix Thomas Anderson; Thomas ist die Anlehnung an den „ungläubigen Thomas" in der Bibel und Anderson bedeutet so wie Adam „Mann" bzw. „Mensch").

Angefangen mit der Beherrschung des Feuers konnte der Mensch nun sein Fleisch in seiner Höhle braten und musste nicht mehr warten, bis irgendwo der Blitz eingeschlagen und die Eidechsen geschmort hat oder er nach einem Waldbrand die verbrannten Tiere essen konnte, bis hin zur Beherrschung von Atomkraft, die es ermöglicht elektrischen Strom und elektrische

Spannung in jeden Haushalt zu bringen, hat der Mensch stets sein Überleben und die Steigerung der potenziellen Bevölkerungsdichte durch die Erhöhung der Energieflussdichte seiner jeweiligen Energiequelle erhöht!

Weiter dienen vom Menschen erschaffene Energiequellen dazu, Maschinen zu betreiben, die er auch erschaffen hat. Ohne diese ist eine Ökonomie für so viele Menschen gar nicht möglich. Um eine Industrie zu betreiben, die die Menschen versorgt, sind Städte und Ausbildung nötig, Infrastruktur, um die aus Rohstoffen in sogenannten Manufakturen zu Waren verarbeiteten Güter zu transportieren, Transportmittel, um die Güter und Menschen zu bewegen und Forschungseinrichtungen, um Durchbrüche zu neuen Technologien zu entwickeln. So stellt der Mensch sein erfolgreiches Überleben in der Biosphäre sicher.

Die Grundlage des menschlichen Überlebens ist also der menschliche schöpferische Geist, der fortwährend Neues hervorbringt, um eine immer höhere potenzielle Bevölkerungsdichte zu erreichen. Und jetzt kommen die Skeptiker, die noch immer an das Dogma der Frankfurter Schule glauben und nicht in der Lage sind, ihre schöpferischen Fähigkeiten zu benutzen: „Irgendwann ist doch nicht mehr genug Platz auf der Erde, wenn sich die Menschen immer mehr vermehren!"

Das ist richtig und deshalb brauchen wir eine Technologie, die es uns ermöglicht auch andere Planeten im Sonnensystem und, in Zukunft auch darüber hinaus, zu besiedeln! Welcher Mensch kann von sich behaupten, dass er es nicht wert sei zu leben? Und warum sollten andere Menschen es nicht Wert sein zu leben, nur weil die Erde als Fläche nicht mehr ausreicht? Ist ein Menschenleben nicht mehr wert, als die Fläche eines unbewohnten Planeten? Macht der Gedanke, die Erde zu verlassen und auch noch andere Planeten zu besiedeln, so große Angst? Oder sitzt das Dogma, der Mensch sei wie ein Virus, das sich vermehrt und alles zerstört und des Planeten Rohstoffe plündert, immer noch so tief verankert?

In der Entwicklung befindet sich zur Zeit die Fusionsenergie. Hierbei handelt es sich um eine fortgeschrittene Form der Kernenergie. Und für alle Müsli fressenden Ökofutzis, die sich einen „Atomkraft-Nein-Danke"- Button an die Brust kleben: Kernfusion ist nicht gleich Kernspaltung!

Nächster Entwicklungsschritt der Menschheit

Es herrscht die breite Meinung, Atomkraft sei generell scheiße und die, die am lautesten schreien, sind die, welche sich am wenigsten mit dem Thema Kernfusion auseinander gesetzt haben!

Mir kommen Argumente entgegen, die absolut überhaupt nichts mit der Technologie der Kernfusion zu tun haben: Wohin mit dem ganzen Atommüll? Welcher Atommüll?

Im niedersächsischen Wendland gibt es eine Fraktion, die jahrelang den Castor-Transport nach Gorleben blockiert hat. Ihre Aussage ist, der Atommüll sei schädlich für die Menschen. Die Regierung soll ihn woanders lagern, wo, sei ihnen egal, Hauptsache nicht bei ihnen! Da sieht man doch gleich die Haltung dieser Menschen:

Mir ist es egal, wie es anderen geht, Hauptsache, mir geht es gut!

Dass die Technologie der Kernspaltung hässliche Nebenwirkung hat und Endlager benötigt, will ich nicht leugnen. Aber ich rede hier nicht von Kernspaltung sondern von der Kernfusion.

Kernfusion ist ein ganz natürlicher Vorgang, der ständig auf der Sonne passiert. Wir drehen uns sozusagen jeden Tag um ein riesiges Atomkraftwerk. Eigentlich müssten die Atomkraftgegner so konsequent sein und einen Fleck im Universum bewohnen, den die Sonne nicht erreicht, denn sie sind ja gegen Atomkraft (Dass sie selbst mit Photovoltaikanlagen Atomkraft nutzen, scheint ihnen offensichtlich nicht bewusst zu sein!) Bei der herkömmlichen Kernspaltung werden schwere Elemente, wie Plutonium 239, Thorium 232 und Uran 233 verwendet. Diese Elemente haben eine sehr lange Halbwertszeit und das strahlende Material muss endgelagert werden.

Bei der Kernfusion werden leichte Elemente, nämlich die Wasserstoffisotope Helium 2 (Deuterium) und Helium 3 (Tritium) zu einem Kern zusammengeschmolzen. Dadurch wird Energie und ein Neutron frei.

Ein Gramm Deuterium/Tritium Gemisch ergibt im Kernfusionsreaktor rund 100 Megawattstunden! Damit haben wir eine nahezu grenzenlose Energieversorgung, mit der nicht nur der Energiebedarf von 8 Milliarden Menschen gedeckt ist sondern es lassen sich fusionsbetriebene Fortbewegungsmittel bauen, die es uns ermöglichen das Sonnensystem zu erforschen. Durch Beherrschung des Plasmas können selbst radioaktive Endprodukte in ihre Elementarteile zerlegt und zu neuen Rohstoffen zusammengesetzt werden. Das ist eine wunderbare Möglichkeit, den Atommüll los zu werden. Eine solche Isotopenwirtschaft überbrückt auch den

Rohstoffmangel, der uns Menschen solche Angst macht.

Aber das ist nur ein kleiner Teil von dem, was uns diese neue Technologie bringt!

Wohin gehen wir als Gesellschaft?

Wie gehen wir mit unserer Krise um? Im Chinesischen lässt sich etwas spannendes entdecken:

Der Begriff Krise (危機) besteht jeweils aus einem Schriftzeichen der Begriffe Gefahr (危險) und Chance (機會).

Die Gefahr, die in der Luft liegt ist, dass wenn wir als Menschheit den Kurs nicht ändern, das Menschheitsschiff im Bermudadreieck der Geschichte zu verschwinden droht. Das immer stärkere Verschwinden der menschlichen schöpferischen Vernunft in der Gesellschaft führt zwangsläufig in den Abgrund. Unsere Generation ist fast komplett dem Sittenverfall, bzw. dem Wertewandel ausgeliefert. Den Leuten ist es zu anstrengend, sich mit der Menschheitsgeschichte zu befassen, es ist ihnen zuwider sich mit Gott zu identifizieren, um so zu ihrer eigenen Identität zu gelangen. Die Demoralisierung der Bevölkerung lässt die Oligarch-Idioten ihr perverses Spiel weiterführen. Die Gefahr des nuklearen Krieges liegt eindeutig in der Luft und das könnte unser aller Ende sein!

Doch dieser Krieg wird von Seiten des Westens keinesfalls von Regierungen geführt, denn diese haben sich schon längst unter den Pantoffel der Finanz-Bastarde gestellt.

Das Menschengeschlecht in der Pubertät

Das Menschengeschlecht befindet sich, im Kontext der Geschichte, in der Pubertät. Und was passiert mit einem pubertierenden Teenager, wenn man ihn sich selbst überlässt? Die Pubertät ist die kritische Phase des Übergangs vom Kindsein zum Erwachsensein. Der Jugendliche versucht sich von den Eltern zu lösen und unabhängig zu sein. Doch um dies zu schaffen, ist er jetzt ganz besonders auf die Stärke der Führung seiner Eltern angewiesen. So paradox es auch erscheint, der Jugendliche sendet folgende Botschaft:

„Ich will unabhängig von euch Eltern sein und brauche euch dafür!"

So gesehen ist die Pubertät eine Krise, welche notwendig ist um, gestärkt als souveräner junger Erwachsener, dem Elternhaus zu entwachsen. Fehlt in dieser Zeit die geschickte Führung (der Kunstgriff) der Eltern, besteht die

Gefahr, dass andere Kräfte diese Leitung übernehmen: Cliquen, Drogen, Kulte, Sekten oder einfach die kalte, nackte Straße! Wozu das Führen kann, zeigen die überfüllten psychiatrischen Kliniken, in denen sich psychotische junge Erwachse mit jungen Rauschmittelabhängigen, die ihren dritten Entzug hinter sich haben, die Klinke in die Hand geben. Eine Rauschmittelabhängigkeit führt, über die Zerstörung des menschlichen Geistes, oft zum physischen Tod, wenn man es nicht schafft, sich rechtzeitig davon zu befreien!

Die Zerstörung des Geistes des jugendlichen Menschengeschlechts lässt sich in der heutigen Gesellschaft klar erkennen. Mit Ausbruch eines Krieges, mit den heutigen nuklearen Waffen, als Folge des Zusammenbruchs des Finanzsystems, kommt der physische Tod.

Was ist zu tun, wenn man im Labyrinth des Lebens in eine Sackgasse gerät? Man kehre um und gehe ein Stück zurück. Übertragen wir das auf den heutigen Punkt der Menschheitsgeschichte, drehen wir uns doch mal um und kehren in das 14. Jahrhundert zurück:

In der Geschichte der Menschheit war hier die letzte große Krise. Es lassen sich erstaunlich viele Parallelen zur heutigen Krise aufzeigen:

Drohte damals die Pest den Menschen auszurotten, so klopfen heute Ebola und Aids an unsere Tür.

Vielen Menschen fehlte eine Lebensgrundlage, es herrschte Hunger und Not.

Die Sitten verfielen und es bildete sich eine Finanzoligarchie, welche die Menschen geistig versklavte. Die Finanzoligarchie, die damals in

Venedig ihr Headquarter aufgeschlagen hatte, kontrollierte den Finanzmarkt und wenig später brach dieses Finanzsystem in sich zusammen.

Befindet sich die Menschheit heute in der Pubertätsphase, so begann sie damals, sich als selbstständiges Wesen wahrzunehmen. Es wurde eine Renaissance eingeleitet und die Menschen lösten sich von ihren naiven religiösen Vorstellungen, indem sie Ihre eigene Vernunft entdeckten. Wie spielende, forschende Kinder, erfanden sie Maschinen, entdeckten universelle Prinzipien, bildeten schöne Künste und es entstand die Idee des Nationalstaates, in dem Menschen von Menschen regiert werden, die Ihrem Gewissen, ihrer Vernunft folgen. Es folgte ein goldenes Zeitalter. Aber die Menschen ließen sich wieder manipulieren und bald kehrte die Oligarchie zurück und riss die Macht wieder an sich.

Nikolaus von Kues hatte die Idee, alle Errungenschaften, welche Europa damals erarbeitet hat, in den Westen zu bringen, so dass sich dort ein Volk, frei von den Einflüssen der Oligarchie, zu freien, kultivierten Weltbürgern (menschliche Menschen) entfalten kann. 1492 setzte Kolumbus diese Idee um und 1620 erreichte die Mayflower die nordamerikanische Ostküste und gründete die Massachusetts Bay Colony. Der Rest ist Geschichte. Diese freie „europäische" Nation sollte auf dem Fundament des Naturrechts die „Beste aller Welten" werden. Leider zog auch hier zweimal die Oligarchie ein.

Hier sollte das Vorbild für die Welt entstehen:

Kongreßsitzung vom 4. Juli 1776

Einstimmige Erklärung der dreizehn Vereinigten Staaten von Amerika

Wenn im Gange menschlicher Ereignisse es für ein Volk notwendig wird, die politischen Bande zu lösen, die sie mit einem anderen Volk verknüpft haben, und unter den Mächten der Erde den selbstständigen und gleichen Rang einzunehmen, zu dem die Gesetze der Natur und ihres Schöpfers es berechtigen, so erfordert eine geziemende Rücksicht auf die Meinung der Menschheit, daß es die Gründe darlegt, die es zu der Trennung veranlassen.

Folgende Wahrheiten erachten wir als selbstverständlich: dass alle Menschen gleich geschaffen sind; daß sie von ihrem Schöpfer mit gewissen unveräußerlichen Rechten ausgestattet sind; dass dazu Leben, Freiheit und das Streben nach Glückseligkeit gehören; dass zur Sicherung dieser Rechte Regierungen unter den Menschen eingerichtet werden, die ihre rechtmäßige Macht aus der Zustimmuung der Regierten herleiten; dass, wenn irgendeine Regierungsform sich für diese Zwecke als schädlich erweist, es das Recht des Volkes ist, sie zu ändern oder abzuschaffen und eine neue Regierung einzusetzen und sie auf solchen Grundsätzen aufzubauen und ihre Gewalten in der Form zu organisieren, wie es zur Gewährleistung ihrer Sicherheit und ihres Glücks geboten zu sein scheint. Gewiss gebietet die Vorsicht, dass seit langem bestehende Regierungen nicht um unbedeutender und flüchtiger Ursachen willen geändert werden sollten, und demgemäß hat noch jede Erfahrung gezeigt, dass die Menschen eher geneigt sind zu dulden, solange die Übel noch erträglich sind, als sich *unter Abschaffung der Formen, die sie gewöhnt sind, Recht zu verschaffen. Aberwenn eine lange Reihe von Missbräuchen und Übergriffen, die stets das gleiche Ziel verfolgen, die Absicht erkennen lässt, sie absolutem Despotismus zu unterwerfen, so ist es ihr Recht, ist es ihre Pflicht, eine solche Regierung zu beseitigen und sich um neue Bürgen für ihre zukünftige Sicherheit umzutun[...]*

Leider besitzt der Großteil der amerikanischen Bevölkerung nicht die geistige Kraft, sich dieser Rechte und Pflichten zu bedienen. Aber die Welt ist heute durch ein dichtes Kommunikationsnetzwerk miteinander verbunden und wir haben die einmalige Chance, uns weltweit als Menschen zu solidarisieren.

Lasst uns aufhören über die „Verantwortlichen" zu schimpfen wie

Kinder, die ihren Eltern Vorwürfe machen und lasst uns die Verantwortung übernehmen. Über Amazon kann man für wenig Geld Bücher kaufen. Es lassen sich Literaturabende und Diskussionsrunden organisieren.

Lasst uns die Verantwortung für die Gesellschaft übernehmen, indem wir uns die Fragen stellen:

„Was ist die Natur des menschlichen Geistes?"

„Was ist das natürliche Recht des Menschen und was ist des Menschen Pflicht?"

Lasst uns die Verbindung zur Vergangenheit herstellen, indem wir nach den Geistern suchen, die in Büchern oder anderen Werken genau diese Fragen beantwortet haben und lasst uns anschließend die Brücke zur Zukunft schlagen, indem wir die kaputte Welt für unsere Kinder und Kindeskinder wieder aufbauen!

Das kommende menschliche Zeitalter

Wir sind in die Fänge eines Kultes geraten, der selbst der krankhaften Vorstellung unterlegen ist, dazu auserwählt zu sein über die Menschen zu herrschen und seine perversen Methoden machen uns zu geistigen Zombies. Unsere geschichtlichen Eltern haben uns aber alle Waffen und Werkzeuge, das gesamte Rüstzeug für ein verantwortungsvolles erwachsenes Menschheitsgeschlecht hinterlassen. Wir brauchen uns nur damit bestücken.

Also lasst uns aus dem okkulten Tempel ausziehen und diesen Kult besiegen. Das ist die Schlacht um die Freiheit der Menschen, von der ich vorher in diesem Buch geschrieben habe. Es gibt hier in Deutschland und auf dem gesamten Globus ausreichend viele Menschen, die ihr Herz noch immer am rechten Fleck haben. Hunderte Millionen von Menschen wollen nicht in diesem Kult leben. Die Meisten von uns wissen nur nicht, wo sie anfangen sollen. Diesen Krieg (der zur Zeit nuklear zu eskalieren droht) können wir nur gewinnen, indem wir strategisch vorgehen.

Die humanistische Streitkraft

Zu allererst brauchen wir Freiwillige, die bereit sind, sich zu „Generälen" zu bilden.

Das bedeutet die Schulung des eigenen Geistes durch ein humanistisches Selbststudium. Diese „Generäle" rekrutieren „Soldaten" und statten diese mit geistigen Waffen aus, welche gleichzeitig deren Rüstung darstellen. Ziel der Soldaten ist es, das Gewissen der Menschen wieder aufzubauen. Wie man das macht, werden die „Generäle" durch ihr Studium wissen. Die aufgebauten Menschen werden sich unserer Streitkraft anschließen. Wir kämpfen ausschließlich mit der stärksten Waffe, die dem Menschen zur Verfügung steht – dem menschlichen Geist!

Die feindliche Streitkraft

Die oligarchische Streitkraft kämpft mit den Waffen der Kontrolle. Sie benutzen zum einen die Medien zur Manipulation und Lenkung der Bevölkerung. Die konditionierte Masse kann sich ohne geschulten Geist nicht dagegen wehren. Zum anderen kontrolliert sie das Bankensystem. Ihr Schwachpunkt liegt im politischen Feld. Das ist der Grund, warum sie so viel Geld in die Politiker investiert - um dieses Feld zu schützen. Das politische Feld kann jeder betreten, der vom Volk gewählt wurde.

Den Feind besiegen

Ziel eines jeden Krieges ist es, den Gegner zu entwaffnen, um ihn kampfunfähig zu machen. Danach muss sein Territorium besetzt werden, um den Aufbau einer neuen Streitkraft zu verhindern. Eine erfolgreiche Kriegsführung bedarf der Beantwortung folgender Fragen:

Was ist das politische Ziel?

1.   Die Oligarchie ist zu besiegen!

2.   Vernunft hat in die politische Führung einzukehren!

Wie soll die Streitkraft dieses Ziel erreichen?

Der Oligarchie sind folgende Waffen abzunehmen:

1. Kontrolle über den Geist der Bevölkerung

   (Moralisierung)

2. Kontrolle über das politische System

   (Stellen eigener Volksvertreter)

3. Kontrolle über das Bankenwesen

   (Trennbankensystem)

Was ist unsere Ethik dabei?

Die Streitkraft bedient sich **ausschließlich** des Prinzips des gewaltlosen Widerstandes!

Meine humanistische Mission

Ich schreibe dieses Buch nicht einfach nur aus einer Laune heraus. Ich verfolge ganz klar eine Intention: Ich befinde mich auf einer humanistischen Mission und versuche Unterstützer und Mitstreiter zu gewinnen!

Ich ertrage den derzeitigen Zustand der Gesellschaft nicht und unerträglich vergewaltigt mich der Gedanke, dass meine zwei Kinder in solchen Zuständen groß werden. Deshalb werde ich alles daran setzen, einen nuklearen Krieg von meinen Kindern fern zu halten! Darüber hinaus wächst grade eine ganze Generation von kleinen Kindern heran, eine Generation, für die wir heute die Grundsteine einer kultivierten Gesellschaft legen müssen!

Mein Gewissen zwingt mich zu handeln. Ich handle als Vater und widme mein Leben der Zukunft meiner Kinder. Ich selbst bin ohne meinen Vater und auch ohne meine Mutter aufgewachsen. Die Möglichkeit am Modell zu lernen was es heißt ein Vater zu sein, wurde mir leider versagt. Deswegen folge ich meiner inneren Stimme. Meine Kinder leben nicht bei mir und so kann ich ihnen nicht als alltägliches Modell dienen. Aber ich glaube fest daran, ihre Zukunft sichern zu können. Was mich treibt ist die Liebe zu meinen Kindern und zur Menschheit.

Wir haben heute die einzigartige Möglichkeit und dadurch auch die Pflicht, die Welt zu verändern. Und zwar können wir, wenn wir all unsere Kräfte mobilisieren, die Menschheit auf eine höhere Ebene heben. Wenn wir uns zusammenreißen, erwachsen werden und die politische Verantwortung übernehmen (zu Weltbürgern werden), dann können wir eine neue, gerechte Wirtschaftsordnung aufbauen. Gleichzeitig müssen wir eine klassische

Renaissance einleiten, die den Menschen wieder auf sein wahres Niveau hebt, indem sie alle menschlichen Kriterien in jedem Einzelnen weckt. Es kehren wieder Werte in die Gesellschaft ein. Das Gewissen lässt sich nicht durch irgendwelche Propaganda beeinträchtigen. Die Menschen entfalten sich frei.

Manche werden jetzt sagen, ich sei ein Träumer, aber wer so tief in die Materie eintaucht, wie ich es getan habe, der wird erkennen, dass diese Mission nichts für Träumer ist sondern für menschliche Realisten!

Die neue gerechte Wirtschaftsordnung

Das Finanzsystem, das uns zur Zeit zur Verfügung steht, ist zweifelsfrei Bankrott. Die Casino-Wirtschaftler haben sich verzockt und der Zerfall steht kurz bevor. 2007 wurde der Zusammenbruch verhindert, indem von staatlichen Seiten über 700 Milliarden Dollar in das System gepumpt wurden. Steuergelder, mit denen wir die Banken gerettet haben, die unser Geld verzockten!

1933 hat US- Präsident Franklin D. Roosevelt ein Gesetz eingeführt, dass die die Banken trennt: Den sogenannten Glass-Steagal-Act. Dieses Trennbankensystem führte dazu, dass die Regierung wieder die Kontrolle über das Geld erlangte und den Banken vorschreiben konnte, was sie mit dem Geld zu machen haben. Die amerikanische Verfassung schreibt vor, dass die Regierung die einzige Stelle ist, die Geld herausgeben darf. Und wer nun sagt, das mache sie doch durch die FED, der wird nach einer kleinen Recherche feststellen, dass die FED in privaten Händen ist. Die Vereinigten Staaten sind durch ihre Verfassung in der Lage eigenen Kredit zu schöpfen.

2014 haben sich die sogenannten BRICS-Staaten (Brasilien, Russland, Indien, China, und Südafrika) zusammengeschlossen und nicht nur Entwicklungsbanken gegründet, sondern arbeiten durch Wirtschaftsabkommen an der Entwicklung der Welt. China baut seine Seidenstraße weiter aus und hat ein Raumfahrtprogramm entwickelt, welches zum Ziel hat, 2018 auf der dunklen Seite des Mondes zu landen, um dort Helium 3 abzubauen.

Vladimir Putin arbeitet verstärkt an der Schaffung einer internationalen Zusammenarbeit. Seit Gründung der BRICS-Koalition lädt er die USA und Europa zur

Zusammenarbeit ein. Seine Hand wird jedoch nicht ergriffen. Über 70 Staaten beteiligen sich bisher an diesem Vorhaben (OBOR).

Die Weltbevölkerung hat die Machenschaften und die Auswirkungen des Systems satt. Wir müssen uns weltweit solidarisieren und die Weiterentwicklung der Sicherheitspolitik fordern. Jeder, der sich mit dieser Materie ernsthaft auseinander setzt wird erkennen, dass dies der vernünftigste Weg ist, um den Planeten weiter zu entwickeln. Chinas Seidenstraße kann erweitert werden zu einer „Weltlandbrücke", die alle Kontinente infrastrukturell miteinander verbindet. Das bedeutet die Entwicklung der weltweiten Wirtschaft, in der jedes Land gleichberechtigt ist. So können wir den Lebensstandard in den Entwicklungsländern erhöhen, ohne auf unseren eigenen verzichten zu müssen. Wie wird das ganze finanziert? Nun, es erfordert eine internationale

Zusammenarbeit und das Gründen einer internationalen Entwicklungsbank. So wie einst die Weltbank und der IWF gegründet wurden, um die Wirtschaft neu zu ordnen, so investiert diese Weltbank in die internationale Infrastruktur, in Raumfahrtprojekte und in alles, was die Menschheit als Ganze weiter bringt.

Das Konzept dieser neuen, gerechten Wirtschaftsordnung ist komplett umsatzbereit von Experten ausgearbeitet worden und zu 100% machbar!

Die klassische Renaissance

Um nicht wieder der Oligarchie zu verfallen, müssen wir Menschen ausbilden, die sich nur von ihrem Gewissen leiten lassen. Freie Menschen. Dies kann nur durch eine Renaissance der Klassischen Kulturen erfolgen. Die Klassische Kultur formt den Charakter des Menschen, sie bildet das Gewissen und erhebt den Menschen zu seiner wahren Höhe. Das Ergebnis wird sein, dass die Oligarchie keine Chance mehr hat, das neu geschaffene System zu korrumpieren.

Wir haben heute, im 21. Jahrhundert, die einmalige, realistische Chance einen Weltfrieden zu schaffen und als Menschheit endlich erwachsen zu werden. Wir können die Welt entwickeln und allen Menschen ein würdevolles Leben gewährleisten. Aber nicht nur das. Wir können unseren Kindern und der gesamten Menschheit eine würdevolle Zukunft bieten. Durch den Frieden durch Entwicklung können wir das Sonnensystem erforschen und weitere Lebensgrundlagen für die wachsende Menschheit erschließen. So wie Xavier Naidoo sagt:

" **Dieser Weg wird kein leichter sein, dieser Weg wird steinig und schwer…!"**

so bedeutet diese Mission eine Menge Arbeit. Aber er sagt auch:

"Und was wir alleine nicht schaffen, das schaffen wir dann zusammen…!"

Der erste Schritt ist, die Entscheidung zu treffen, die Verantwortung übernehmen zu wollen und mit dem Studium der Materie zu beginnen. Es ist dann **„ein kleiner Schritt für den Menschen, aber ein großer Schritt für die Menschheit…!"**

Anhang

Literaturempfehlung zum Selbststudium

Sich wirklich ernsthaft mit der Materie zu beschäftigen bedeutet, Bücher in die Hand zu nehmen und diese auch zu lesen, bzw. zu studieren. Das bedeutet, die Gedanken und Ideen des Autors nachzuvollziehen und nicht nur einfach auf Wikipedia die Meinung eines anderen zu kopieren:

<u>Dr. Martin Luther King</u>

Kraft zum Lieben

<u>Friedrich Schiller</u>

Über Anmut und Würde

Über das Pathetische

Über das Erhabene

Über naive und sentimentalische Dichtung

Die Schaubühne als eine moralische Anstalt betrachtet

Über die ästhetische Erziehung des Menschen.

<u>Nikolaus von Kues</u>

Über die belehrte Unwissenheit

<u>Johannes Kepler</u>

Fünf Bücher zur Harmonik der Welt

<u>Lyndon H. Larouche</u>

Das Geheimnis der Wirtschaft

<u>Carl von Clausewitz</u>

Vom Kriege

Das sollte für den Einstieg genügen. Weiter werde ich eine Webseite einrichten, die es uns ermöglicht zu vernetzen und auszutauschen.